职业教育课程改革创新教材·电子商务专业

网店运营

叶艾仲　麦艳云　黄　煜　主　编

刘善富　潘昭利　陆达毅　陈兴华　李　婷　副主编

电子工业出版社.

Publishing House of Electronics Industry

北京·BEIJING

内 容 简 介

本书系统地阐述网店运营的原理、方法、策略和技巧，按照项目驱动模式编写，内容包含网上开店准备、网店商品发布管理、网店装修管理、站内流量导入、站外网店流量导入、网店数据分析、仓储管理与物流配送，网店客服共 8 个项目，以及知识储备、巩固与提高、同步实训等。全书内容新颖，通俗易懂，数据来源准确可靠，突出系统化知识的提炼与总结，强调实践能力的培养。

本书按照电子商务行业知识层次安排，符合学生的认知规律，将知识目标和能力目标充分结合，深入到电商各个领域的知识学习和技能培养。适合作为职业教育院校电子商务、市场营销及计算机等相关专业在校学生的电子商务教材，也可供电子商务相关从业人员参考。

图书在版编目（CIP）数据

网店运营 / 叶艾仲，麦艳云，黄煜主编. —北京：电子工业出版社，2017.10

ISBN 978-7-121-32514-4

Ⅰ. ①网… Ⅱ. ①叶… ②麦… ③黄… Ⅲ. ①网店—管理—教材 Ⅳ. ①F713.365.2

中国版本图书馆 CIP 数据核字（2017）第 199273 号

策划编辑：关雅莉　罗美娜

责任编辑：裴　杰

印　　刷：北京盛通数码印刷有限公司

装　　订：北京盛通数码印刷有限公司

出版发行：电子工业出版社

　　　　　北京市海淀区万寿路 173 信箱　邮编　100036

开　　本：787×1 092　1/16　印张：13　字数：358 千字

版　　次：2017 年 10 月第 1 版

印　　次：2025 年 8 月第 15 次印刷

定　　价：28.00 元

凡所购买电子工业出版社图书有缺损问题，请向购买书店调换。若书店售缺，请与本社发行部联系，联系及邮购电话：（010）88254888，88258888。

质量投诉请发邮件至 zlts@phei.com.cn，盗版侵权举报请发邮件至 dbqq@phei.com.cn。

本书咨询联系方式：（010）88254617，luomn@phei.com.cn。

前言

电子商务体系中一切与网店的运作管理有关的工作都可以称为网店运营，主要包括网店流量监控分析、目标用户行为研究、网店日常更新及内容编辑、网络营销策划及推广等。而网店运营作为电子商务专业最具竞争力的岗位之一，在电子商务高速发展的今天，越来越受到重视，因此越来越多的企业开始重视网店运营，"希冀"从运营角度发现问题与机会，为企业发展提供有力的市场决策依据。

目前从中国的互联网发展趋势分析，网站的运营应当融入企业的整体经营体系中，使网络与原有的机制有机结合，这样才能发挥网站及网络营销的商业潜力。

企业的网店运营包括很多内容，如网店营销宣传推广、运营、网站内容的完善等。其中最重要的就是网站的运营和推广。

为适应互联网的迅速发展和技能需求，我们在日常教学中开展了电子商务运营技能相关课程和比赛，以加强对学生电子商务专业技能的训练，从而让更多院校、教师、学生从比赛中受益。本书整理、总结了参赛优秀案例，将其与企业技能实操要点相结合，使两者互融互通，从而写作成本书。

本书从网上开店筹备工作开始，系统地描述了网店开店准备、网店商品发布管理、网店装修管理、站内流量导入、站外网店流量导入、网店数据分析、仓储管理与物流配送，以及网店客服，并用多个不同案例分析讲解网店运营的过程。本书以项目驱动模式编写，依托企业真实案例，串联每一步的具体操作。在任务实施之后，还设置了"同步实训""任务拓展""巩固与提高"，以更好地帮助学生提升实操能力。同时，本书为读者提供对应配套的教学资源包，包括教学课件PPT、微课、习题和课程实训等，方便教师指导学生进行课程配套的实践活动。

本书由叶艾仲、麦艳云、黄煜担任主编，刘善富、潘昭利、陆达毅、陈兴华、李婷担任副主编，龙芳、梁元超、魏力铎、吴烨兵、陈斯雅、唐莉、黄丽萍、唐秋妹、翁小云、覃川等参与了本书的编写，在此表示衷心的感谢！

为了方便教师教学，本书还配有电子教学参考资料包，请有需要的教师登录华信教育资源网（http://www.hxedu.com.cn）注册后免费下载使用。

由于作者水平有限，本书还有很多需要改进之处，需要不断完善与提升，敬请广大读者批评斧正。

编　者

网上开店准备

随着市场经济体制的进一步完善，电子商务的迅猛发展，电子商务平台也与日俱增。在我国经济中，电子商务平台的交易量已经占据了举足轻重的位置，早在 2015 年，我国网络零售额达到 5816.1 亿美元。可以看到，电子商务对我国经济的发展起着重要的作用。因此，在电子商务平台中进行开店对个人和企业拓展自身产品销售渠道有着重要意义。

学习目标

知识目标

1. 认知不同网店平台的业务模式和特点；
2. 了解常见电商平台；
3. 熟悉好产品渠道的表现；
4. 了解产品定位的概念及作用；
5. 了解用户群定位的概念及作用。

能力目标

1. 具备电商平台选择的能力；
2. 具备产品渠道选择的能力；
3. 具备网店产品定位的能力；
4. 具备用户群定位的能力；
5. 具备申请与开通网上店铺的能力。

模块一　任务分解

在开网上开店之前，需要考虑很多问题，比如网店卖什么品类的商品比较好、货源从何而来、资金的压力如何面对、如何设置网络店铺、如何提高自己店铺的信任度、售后服务如何解决等等。对于首次接触网店的人或企业来说这些都是必须去解决的问题。因为，这些问题如果无法解决，店铺就无法正常运转。要解决或规避这些问题，需要针对网上开店进行平台选择、产品渠道选择、产品定位、用户群定位等前期准备工作。

☑ 任务一　开店前期筹划

一、实施的原因与背景

随着互联网的发展，网上开店已经成为这个时代的热门话题，众多企业与个人希望能够通过网上开店的形式来拓展自己的销售渠道。网络给予了现代商业以崭新的、与传统商业截然不同的运作模式，使得每一个人或企业，只要具备网络环境就能拥有开设店铺的机会。淘宝、天猫、京东、易趣、海淘等电商平台上无数的店铺都说明现代网络店铺的兴旺，而且庞大的网民基础为网上开店提供了巨大的市场潜力。

网上开店因为其投资小，运营费用低，受众面广，运营不受时间、地域限制，交流方便，物流配送方便等有利条件，给无数想要开店的个人或企业提供了良好的发展机会。

二、平台选择

（一）了解常见平台类型

按照电子商务平台的使用者分类，从而确定平台的主流的类型有以下三种：

1. B2B 平台

B2B（Business to Business，企业到企业的电子商务模式）平台指的是平台的买卖双方都是企业，是企业与企业进行在线交易的平台。如阿里巴巴、慧聪网等平台。

在 B2B 平台上进行开店的卖家一定是企业，B2B 平台对企业资质的审核相对严格一些。并且，个人身份是无法在平台上进行开店的。相对应的买家也是企业，所以，平台的交易主要是以企业与企业之间的合作为主要导向的。其中除了商品的交易外，还可以对供求信息进行发布。

2. B2C 平台

B2C（Business to Customer，企业到用户的电子商务模式）平台指的是平台的买家是个人，卖家是企业，是企业将产品或服务卖给个人的在线交易平台。如天猫、京东、当当等。

B2C 平台上进行开店的卖家也一定是企业，不过，面对的买家是个人，是卖家进行产品销售的平台。一般情况下，卖家需要有自己的品牌。

3. C2C 平台

C2C（Customer to Customer，个人到个人的电子商务模式）平台指的是平台的交易是个人与个人之间的交易，是个人将产品或服务卖给个人的在线交易平台。如淘宝。

C2C 平台上进行开店的卖家一定是个人，个人店主将自己手头的货物卖给个人消费者。这样的平台非常适合个人卖家进行开店，平台入驻的难度较低，当然相应的竞争压力较大。

除了上述主流的三种平台分类外，按照使用者分类的类型还有 C2B、B2M、M2C、B2G、C3G 等。以上的分类都是以平台使用者对平台进行分类的，当然，还有一些其他的方式。电子商务平台经过这些年的发展，已经具备一定的规模，每个电商平台都具备其一定的特色。

（二）了解常见平台（淘宝、天猫、1688 供销平台、京东）及特点

淘宝、天猫、1688 供销平台是阿里集团下的三大电子商务平台。这三大电子商务平台在电子商务行业中可以算是家喻户晓。下面我们就开始对这些平台进行一一介绍。

1. 淘宝

淘宝网现已成为全球最大网络零售电子商务平台之一。其成立于 2003 年 5 月,是阿里集团下的一个重要电子商务平台。淘宝刚创立时,主要是以 C2C 店铺为主。但是,现行的淘宝平台已经发展为 C2C 与 B2C 共存的平台。其实说到淘宝,有一个词来形容它很贴切,那就是集市。淘宝像是集市一样,大家把自己手上的货物拿到这里来开店,买家也来到这里,挑选自己喜欢的商品。

目前,淘宝几乎占领了国内 C2C 领域的绝大部分市场。

2. 天猫

天猫是淘宝网打造的淘宝商城演变而来的,是以 B2C 为主要形式的电子商务平台。2012 年 1 月 11 日淘宝商城正式更名为"天猫"。现在众多品牌在天猫上都开设了自己的店铺,并将其设为旗舰店,受到消费者的热烈欢迎。

3. 1688 供销平台

1688 供销平台是全球著名的 B2B 采购批发电子商务平台,现在网站由三个相连网站组成:中国站、国际站、日本站。因为其能够与淘宝店铺实现互通,一件代发等功能,成为一个淘宝卖家重要的货源寻找地。相应的,平台还提供了很多其他功能,方便买家对货物的查找,如:

(1)源头好货。根据货源地对货物的提供商进行分类,并得到货源地当地政府的认证,让在平台上寻找商品的买家拥有更多的选择与保障。

(2)代理加盟。提供卖家代理信息的发布,买家可以在其中快速地找到自己想要代理的品牌。

(3)淘工厂。为提供加工定制的企业提供发布信息的平台,让希望找到代工定制的买家快速查找到加工企业。

(4)企业采购。买家能够在平台中对自己的采购信息进行发布,方便平台卖家或代工企业与买家之间的交流。

当然,除了这些外,平台还提供很多其他的功能,以方便买家卖家互通、交流学习、交友为主要目的。

4. 京东

京东是一个专业的综合网上购物商城。平台不单有自营的店铺,也有第三方卖家的入驻。现在京东销售超过数万品牌、4020 万种商品,共计 13 大品类。京东拥有自建的物流中心,同时在全国超过 360 座城市建立核心城市配送站。

在对相关电子商务平台特点与自身情况进行充分了解后,依路佑妮服饰根据平台的特点结合自身的情况,选择在淘宝上开设自己的第一家网上店铺。因为,在淘宝平台上开店成本低,完全可以用来试错,并且平台的客流量很大,能够尽快让店铺吸引到流量,在后期,还能够将 C 店升级为企业店铺,方便后续的计划与发展。

三、产品渠道选择

在开店前期的准备工作中,还有一个非常重要的工作就是为店铺寻找一个好的产品渠道,这也是店铺做强做大的必要条件之一。网店的货源产品渠道一般有以下两种:

（一）通过本地寻找优质货源

这种寻找货源的方法一般出现在店铺销售当地特产或店铺所在地有相应的产业带才会使用这样的货源寻找方法。一般本地寻找货源是指通过一些线下的市场或者寻找专业的生产厂家去寻找货源，这种方式寻找的货源，优点是对产品的品质和整个服务环节都会有准确的把控，以更好地服务消费者，缺点是有一定压货量，资金投入大，风险高。

1. 线下货源地拿货

这种寻找货源的方式，指的是到货物的生产地或者货物的集散地进行货源的采购。这样的好处是能够直接看到货源，对产品的质量能够更好把控。当然，这样的方式也会导致成本增加，并且对于个人在行业中的熟悉程度要求高，不推荐创业者选择，尤其是刚刚涉足某个行业时。

2. 线下生产厂委托加工

市场上有很多生产厂家，专门为商家提供成品供货或者生产加工的服务。这样的好处是对于产品的把控力度可以做到最大化，需要什么样的品质就可以选择什么样的品质。而缺点就是厂家对于产品的生产量有一定的要求，资金占用量较大，不建议初期商家考虑。

（二）在分销网站或供销平台上寻找货源

除了在本地寻找货源以外，也可以在分销网站或供销平台上找到合适的货源。供销平台一般是买家卖家企业用来发布供求信息的平台，例如：1688平台、慧聪网等。分销网站一般指能够直接对店铺货物进行分销网站，例如：淘宝、天猫等。

在网站上寻找货源的优点是品类齐全，可供挑选的对象多。但是，缺点也很明显，对产品的品质监控力度不足。因此，在对分销网站或供销平台的选择时需要注意，挑选大型的分销网站或供销平台。这样平台入驻的商户一般在商品品质上都是比较有保证的。而且，平台也为采购方提供了必要的保障。

在分销网站上近乎95%的商家都提供"一件代发"业务，使得我们寻找到货源后不用顾虑商品积压、库存等问题。这样不用任何费用就可以代销供应商的产品，还可以赚取商品售价与定价之间的差价，从某种程度讲，这是一条零成本、零风险的进货渠道。当然，这样做的缺点也非常明显，首先是货源没法经过卖家的亲自把控，所以货物质量方面的问题很难把控。其次，整个服务过程自己没法监控。服务过程中如果出现问题，买家就会将这些全算在卖这件商品的卖家身上。最后，这种方式的货源一般盈利比率都不高。

☑ 任务二　网店定位分析

在对网上开店的平台与产品渠道确认完毕后，为了能够让店铺在开启后能够更加顺利地运营下去，需要对网店的产品定位与用户群分析进行设定。

一、产品定位

网店中的产品在销售过程中，一般按照不同的分类标准、不同的方法进行分类。服装中，按款式分类，可分为男装、女装、童装；按价格分类，可分低、中、高；按风格分类，可分为流行、上班、中性等。在开设店铺时，对店铺销售的产品分类进行定位，就是产品定位。

1. 统一产品类目

对店铺产品进行定位时，首先需要统一产品类目。统一的产品类目能够使店铺产品形成统一的风格定位，如图 1-1 所示。

图 1-1　商品风格

统一的产品类目立刻就给买家一种专业的感觉，可以给买家形成卖家是专业卖家的认知。因此，对店铺所卖商品的质量、设计、信誉度都有提升，很容易让买家信服。当然，这种专业性的体现也会招来更多的回头客。

2. 产品风格统一

网店在进行商品定位时，可以利用统一的风格来对商品进行定位。因为明确的店铺风格可以让买家对店铺产生专业感与代入感。这种感觉可以在买家心目中形成一种概念，而且固定的风格定位还有利于店铺的宣传与消费人群的定位，例如："歪瓜出品"这个淘宝店铺，它主要做的就是新奇好玩的一些杂货或装饰。虽然卖的品类很杂，但是店铺风格却将这些商品高度统一起来。

这样的店铺定位就给买家留下了深刻的印象，如果想买一些新奇特色的东西，人们自然而然就会想到这家店铺。那么店铺宣传的目标及消费的人群也就确定下来了。宣传的理念就是新奇，而宣传的对象自然就是 90 后及一些喜欢新奇物品的人。

3. 产品价格区间适当

在定位产品时，产品的价格区间要符合产品类目人群可接受价格区间。这样的价格区间能够被这个类目的消费者中大多数人所接受，能够更大范围地拓展自己的店铺受众。一般价格区间的选择要经过市场调查，当然，很多电商平台也为卖家提供这样的数据，以更方便店铺产品定位。

二、用户群定位

用户群定位指的是按照一定标准对用户群进行分类，找到产品对应的目标用户群体的行为。在网店用户群定位过程中，一般根据用户的基本属性对用户进行分类，分类的属性通常有地区、性别、年龄、星座、喜好、终端偏好、用户级别等。利用这些属性我们能够对喜好某一产品的人群打上标签，这些标签就是目标用户群的特性。用户群定位对于店铺无论是开店前期的准备、店铺的运营、产品的更新等都有着极其重要的作用。

在定位的过程是：

1. 初步界定客户

在店铺用户群定位中，最开始进行目标用户界定分析，初步界定时，一般是通过潜在用户的基本属性来界定的。

（1）内在属性：人群、购买习惯、购买理由、年级、性别、爱好、收入等。

（2）外在属性：地区分布、活动场所、工作等。

例如，连衣裙用户群性别年龄阶段占比及爱好如图 1-2 和图 1-3 所示。

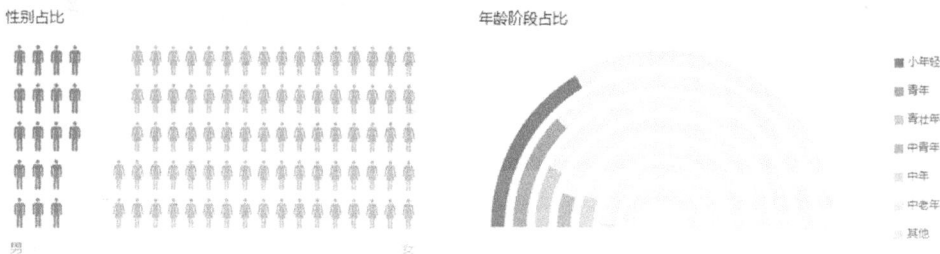

图 1-2 连衣裙用户群性别年龄占比图

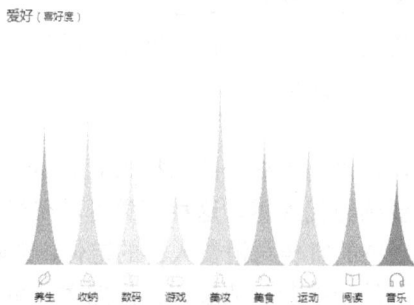

图 1-3 连衣裙用户群爱好示意图

当店铺能够清晰地列出这些客户属性时，就基本确定了目标客户群，但是，这样的界定还不够精确，需要进一步缩小用户群范围。

2. 购买能力区分

目标客户群必须是具备购买产品能力的人。否则，只会浪费营销成本及店铺精力。目标客户群的购买能力，一般通过客户群收入或平均消费水平及是否购买过大额相关产品来界定。

3. 消费历史区分

目标客户群的消费历史与经历代表了客户对所选产品类别的认知及需求，及购买店铺商品的可能性。分析客户消费历史包含：客户是否购买过与店铺产品同类的产品，相关联的产品，互补的产品（如西装与皮鞋是互补），以及是否购买过竞争对手的产品等。

4. 购买需求区分

目标客户群之所以会购买商品，代表客户有需求。客户的需求决定了这个客户的购买欲望与购买力。客户的需求可以从客户的消费历史和客户关注的焦点中看出。假如客户曾经购买过你的竞争对手的产品，或相应的替代品，那么客户在这一块是有需求的。假如客户关注某一产品的性能、特点、评价，那么他一定在这一块有需求，因此可以从相关的评价网上找到有需求的客户。

5. 消费频率区分

消费频率越高，证明目标用户群对产品的需求量大。同时，消费频率代表了客户对此类产品有偏好，那么促使顾客产生购买行为就会顺利很多。

☑ 任务三 网上店铺注册

一、个人网上店铺注册

网上开店操作其实很简单，各个电子商务平台略有不同。以淘宝网的注册来说，主要需要以下几个步骤。

第一步：注册店铺账号。

登录淘宝网首页，单击"注册"，填写账号，设置密码，设置邮箱等，如图1-4所示。

图1-4 填写注册信息

第二步：支付宝账户绑定。

登录邮箱，激活注册账号和在线支付工具账号，进行支付宝实名认证。然后按照提示信息，输入相关信息，上传身份证扫描件等相关信息，如图1-5～图1-11所示。

图1-5 支付宝认证

图1-6 填写身份信息

图1-7 快捷验证银行卡

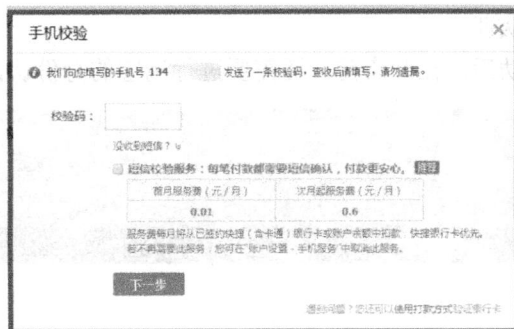

图 1-8　手机校验

图 1-9　上传证件

图 1-10　上传完成等待认证结果

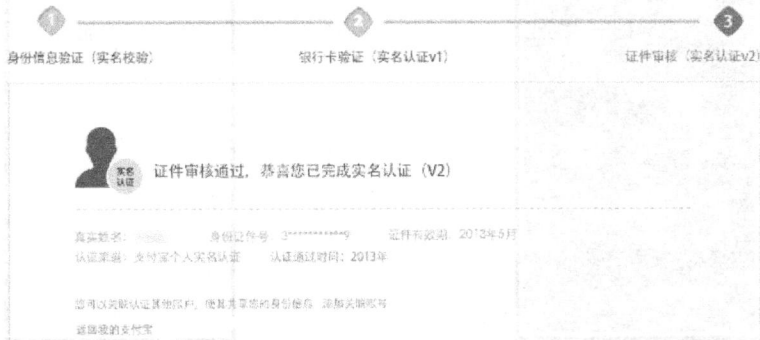

图 1-11　支付宝实名认证成功

第三步：淘宝开店认证。

支付宝实名认证成功后，在开店前，还需要进行淘宝的身份认证，如图 1-12 所示。

图 1-12　身份认证

认证方式一：手机客户端认证。下载安装淘宝手机客户端，根据认证提示，填入所需信息，拍摄上传所需证件和照片，完成认证，如图 1-13～图 1-18 所示。

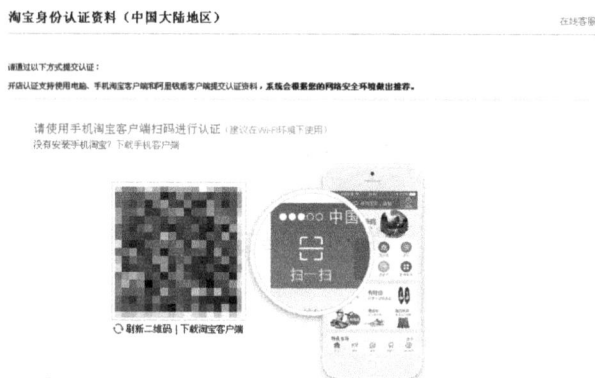

图 1-13　手机客户端扫码认证

图 1-14　认证步骤

图 1-15　验证手机号

图 1-16　填写收货地址

图 1-17　根据示例拍照

图 1-18　等待审核

认证方式二：阿里钱盾认证。在淘宝身份认证页面，扫码下载安装阿里钱盾，如图 1-19 所示。

图 1-19　下载阿里钱盾

进入"阿里钱盾"App，找到"身份认证"，然后扫码进入复核页面，如图 1-20 和图 1-21 所示。

图 1-20　阿里钱盾认证页

图 1-21　复核页面

单击"提交复核资料"，会出现操作步骤，然后根据步骤提示，完成身份验证，如图 1-22～图 1-27 所示。

图 1-22　身份认证操作步骤

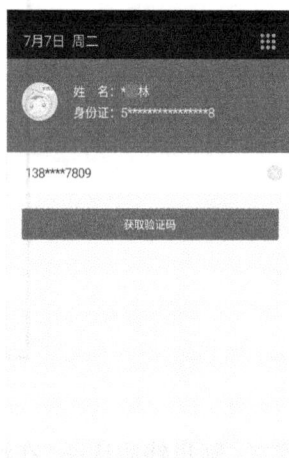

图 1-23　验证手机号码

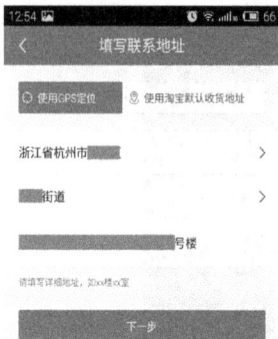

图 1-24　填写收货地址

图 1-25　进入拍摄照片页面

图 1-26　根据提示拍照

图 1-27　等待审核

以上两种认证方式，在认证通过后页面均会提示"认证通过"，您可在"认证通过"后进行开店操作。

第四步：创建店铺。

认证通过后，进入淘宝开店页面，单击"免费开店"按钮，就可以完善店铺信息，设置店铺内容了。

二、企业网上店铺注册

企业网店注册时，除了完成以上基本信息以外，注册时还需要以法人名义申请：包括填写企业基本信息、上传营业执照、填写对公银行账户信息、上传法人证件图片等，在平台审核成功后，需要用公司的对公银行账户打款，最后填写对公账户收到的汇入金额即可。

（一）个人店铺升级企业店铺流程

店铺升级分为两个阶段，第一阶段由申请人操作，第二阶段由接收人操作。具体操作内容如图 1-28 所示。

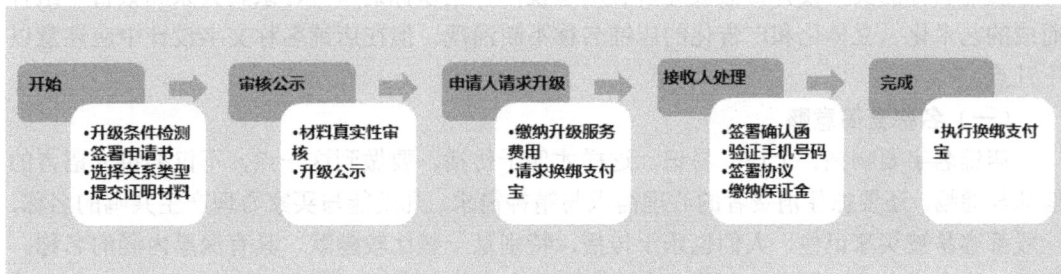

图 1-28　个人店铺升级为企业店铺的流程

（二）企业网上店铺注册

在申请支付宝实名认证（公司类型）服务的用户共有以下两种途径：法人申请和代理人申请，具体流程和个人申请基本相同，其需要的材料如图 1-29 所示。

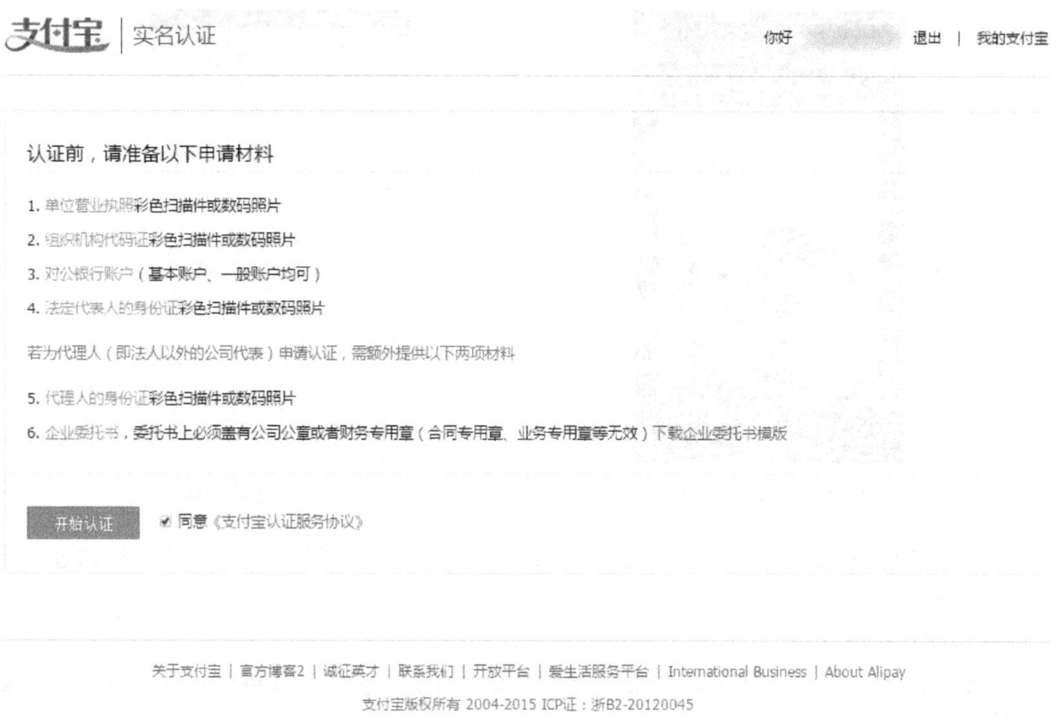

图1-29　企业网上店铺注册所需相关资料

三、确定店铺名称

店铺名称不仅仅是一家店的代号，更是外观形象的重要组成部分。从一定程度上讲，好的店铺名称能迅速地把店铺的经营理念传递给消费者，增强感染力。

好的店铺名称琅琅上口，给人留下深刻而美好的第一印象，让人一下子记住店铺名字。因此，但凡有远见的开店者，总是费尽心思给店铺起一个既响亮又吉祥还能让人记住的名称。

店铺名称的文字设计日益被经营者所重视，一些以标语口号、隶属关系和数目字组合而成的艺术化、立体化和广告化的店铺名称不断涌现。但在店铺名称文字设计中应注意以下几点。

（一）名称言简意赅

店铺名字要响亮、上口、易记，这样才便于传播。要做到这一点，不仅要讲究语言的韵味与通畅，还要抓住消费者的心理需求与精神需求。凡是能与买家心理产生共鸣的名称，一般都容易被买家记住，人们也乐于传播，特别是一些比较幽默、具有深厚内涵的名称。相反，让人感觉吐字不爽的名称，人们一般不会向他人介绍。

（二）名称易于传播

有的开店者认为自己做金属方面的生意，便在店铺名字中添加一个"鑫"字，而做木材生意的就在名称中添加个"懋"字；有的为图吉利，常用繁体字，比如把"丰"字特意写成"豐"字。繁体字固然新颖，但有很多买家不会辨认繁体字，买家碰上不认识的繁体字，无法叫出店铺名字，会影响店铺在消费者中的口碑传播。当然，店铺名字虽然讲究通俗，但不要通俗过甚而成庸俗。

（三）名称与产品特性相辅相成

店铺名字不能含糊，不仅要讲究通俗易懂、朗朗上口这些要点，更重要的是能体现商品的消费特征，包括经营商品、经营风格等方面。"辉煌"与"明亮"都容易让买家与"灯"产生联想，而"豪杰"就不一定了。所以，店铺名字一定要与产品特性相辅相成。

四、店铺信息的完善

店铺基本信息的完善对于卖家而言十分重要。其不仅能够全面地展现店铺的经营类别，而且可以直观地宣传企业店铺的特点。在注册开店成功后，需要进一步对店铺的基本信息进行完善，只有这样才能使店铺有效运营。

首先需要登录淘宝后台，进入"卖家中心"，并在免费开店下完成店铺的基本信息设置，如图 1-30 所示。

图 1-30　完善店铺信息

在店铺标志方面由于店铺标志代表着店铺的形象，因此店铺标志设计凸显了企业的经营产品，有视觉冲击力，醒目易识别，彰显了企业的独特性。

根据搜索引擎收录规律，将店铺最热门的产品介绍写在里面，便于网络爬虫抓取内容。在填写店铺简介时，需要充分考虑有别于其他店铺的优势一一概括出来，彰显重点、言简意赅地说明店铺的经营范围，使网友更加明确地了解店铺的相关信息。

模块二　知识储备

一、好货源的标准

（一）货源稳定

一个好货源的必备条件之一就是货源稳定、不经常断货。店铺货源不稳定的话，如果买家在店铺中买到货，卖家会因为货源的原因导致没有办法给买家发货。如果这种情况几天后仍然这样的话，这时候买家一般就会申请退款，更有甚者例如天猫，如果你没有在买家付款后规定时间内发货，买家在退款的理由中选择"未按规定时间发货"，店铺是要按照货价的 30%赔偿买家的。因此，创业者在寻找货源的时候一定要注意货源的稳定性，绝对不能经常断货。

（二）具备较大的利润空间

行业的选择中，我们就说到行业需要具备较大的利润空间，而到产品选择时，也必须选择具有较大利润空间的产品。一般情况下，50 元以下的产品利润最好在 30%左右，50 元以上的产品利润最好在 30%～50%之间，价格越高，利润率需求越高。只有这样的利润空间才能支撑我们对店铺进行一些宣传及付费推广的活动，从而使店铺进入良性循环中。

（三）产品畅销好卖

所选择的产品一定要畅销好卖，这就需要在选品之前做好市场调查，选择有潜力和买家兴趣度高的商品，这样才更容易带来更多的自然流量。

（四）品牌产品需有正规的授权

如果找到的产品是品牌产品的话，就一定要货源提供商提供品牌授权。如果一旦出现消费者投诉店铺卖的产品是假货时，货源跟店主都无法提供品牌授权书的话，很可能被认定为卖的是假货，需要赔偿客户，甚至会遭到开店平台扣分和封店处理。

（五）货源具有良好的售后服务保障

在网店销售产品的过程中，售后服务保障也是非常重要的一个标准。买家在进行货品选择的时候，往往会倾向于具有一定售后保障的产品，因为这样的产品在买家进行产品选择的时候更有保障。另外，网店平台也会有相应售后保障的选择，只有选择更高级别的售后保障，才能得到更多买家的信任。

二、产品定位的作用

在进行产品定位之前，卖家需要对产品定位的作用进行了解。产品定位对于网上店铺来说意义重大，对店铺发展细分市场、目标市场选择、市场定位三方面起到关键的作用。

（一）利于市场细分

店铺对产品定位的过程，就是对市场细分的过程。把复杂的市场分成若干个细分市场，卖家的需求就会出现明显的差别。市场细分使店铺更容易发现机会，从而为体现店铺个性、塑造店铺形象提供了客观依据。而店铺个性、形象的塑造能够让店铺在未来的发展中具备强有力的竞争能力。

（二）利于目标市场选择

店铺在对市场细分后，明确店铺产品定位，结合营销目标，便可确定产品最具优势和吸引力的细分市场。店铺的一切经营活动都必须始终围绕目标市场展开。店铺定位更要针对目标市场，符合目标市场的特征与买家需求，最终使店铺获得目标市场的理解与认同。可以说，明确产品定位下确定的目标市场是店铺定位的着力点。

（三）利于市场定位

店铺拥有明确的产品定位，一旦选定了目标市场，店铺就可以根据目标市场来确定可能的位置形象，并依此来形成自己的品牌，以争取目标消费者的认同。从而，形成店铺的市场定位。明确的市场定位有利于店铺品牌的宣传，目标人群的确立，形成核心竞争力。

三、个人店铺升级到企业店铺条件

淘宝店铺中个人店铺（C 店）在一定条件下是可以升级为企业店铺（B 店）的。在个人店铺升级企业店铺时，需要对现有店铺账号进行 17 项检查，查看是否满足升级条件。

（1）个人账号下有店铺，且店铺可以正常访问。也就是升级的过程中，店铺必须是在开启状态下的。

（2）通过淘宝身份认证。通过卖家中心中的淘宝认证对开店卖家的身份进行认证，并且通过认证。

（3）保证金未欠费。

（4）淘宝客未欠费。

（5）无淘宝贷款。

（6）店铺未处于处罚中。

（7）无 1688.com 经营行为。指的是如果同一淘宝账户在 1688 网站上有过经营行为（发布过供应产品信息、开通诚信通服务、卖家发起订单、报价、下单订购实地认证、开通旺铺、企业账户注册入口注册的企业账户），就不允许店铺升级。

（8）无进行中的购买行为。申请升级前及升级期间，店铺中买家的订单必须完结或关闭交易。

（9）未入驻供销平台。如果店铺入驻了供销平台成为供货商，则需要退出平台；如果成为分销商，则需要通知供货商，并解除分销关系。

（10）退出货到付款服务。货到付款服务，整体支付流程不同于支付宝担保交易，为了避免店铺接收方不必要的麻烦，需要先退出货到付款服务，再申请店铺升级。

（11）无进行中的分阶段付款交易。

（12）保险未欠费。

（13）无冻结中聚划算保证金/淘抢购保底费用。

（14）未拖欠技术服务费。

（15）无拍卖保证金。

（16）无账期延长中的订单。

（17）开票信息已添加。卖家在店铺升级前需添加开票信息。

以上 17 项条件都达到的话，卖家就可以在"卖家中心"中的"店铺升级"中进行店铺升级申请。

同步实训

一、实训概述

本实训项目要求学生围绕网上开店前期的准备工作及店铺的注册为主题。通过平台选择、产品渠道选择、产品定位、用户群定位、店铺注册，最终开设一个淘宝店铺。通过本项目的实训，要求学生掌握网上开店前期工作的准备及网上开店的流程，并在博星卓越电子商务运营技能平台中注册一个店铺。

二、实训素材

1. 博星卓越职业院校运营技能竞赛平台
2. 计算机实训设备

三、实训内容

任务一 平台选择、产品渠道选择

步骤 1：根据自身及当地的产业情况，对自己要开店的行业进行选择；

步骤 2：根据所选择行业，结合自身情况，对要开店的店铺类型及平台进行选择；

步骤 3：根据所选择的行业及平台，对线上及线下货源进行查找。线上货源摘录下网址，线下货源对货源加工地及批发地进行查找并记录；

步骤 4：根据自己的选择，对选择内容进行摘录，完成下表。用下表并结合自身选择的原因，编写报告。

选择的行业	
选择的平台	
选择的产品渠道	线上渠道：
	线下渠道：

任务二 产品定位与用户群定位

步骤 1：根据行业及渠道，选择最终店铺要卖的产品；

步骤 2：对产品在店铺中的类目、产品的风格，以及价格区间进行设定；

步骤 3：根据产品，对目标用户群进行定位；

步骤 4：制作并填写如下表格。

		内容及原因
产品定位	产品类目	
	产品风格	
	价格区间	
用户群定位	对目标用户群进行描述：	

任务三 店铺注册

步骤 1：根据店铺注册步骤，准备网上店铺注册所需资料及店铺名称、简介等内容；

步骤 2：将需要准备的文字图片进行整理，形成文档；

步骤 3：在博星卓越职业院校运营技能竞赛平台根据自己准备的内容对店铺进行注册。

四、考核评价

各个小组可以通过本实训的展示，本人完成"自我评价"，本组组长完成"小组评价"内容，教师完成"教师评价"内容。

1. 评价表

评价项目	评价内容	评价标准	评价方式		
			自我评价	小组评价	教师评价
专业能力	任务一：开店前期筹划（30分）	1. 对现有的各大电子商务平台进行特点分析（6分） 2. 根据所选商品及自身情况对开店平台进行选择，并说明理由（6分） 3. 根据所选择产品对当地的线下货源地进行分析（6分） 4. 根据所选择产品对线上货源进行分析（6分） 5. 分析对比线上线下货源优劣势确定产品渠道（6分）			
	任务二：网店定位分析（30分）	1. 从产品类目、风格、价格三方面进行产品定位分析（每个点5分，共15分） 2. 用户群定位步骤是否正确（10分） 3. 用户群定位结论是否合理（5分）			
	任务三：网上店铺注册（30分）	1. 能否完成店铺账号的注册（6分） 2. 能否完成支付宝账号的绑定（6分） 3. 能够掌握淘宝开店认证的方式（6分） 4. 对企业店铺的注册流程是否熟悉（6分） 5. 店铺名称、图片等基本信息设置是否醒目易识别，利于传播品牌形象（6分）			
职业素养	1. 责任意识（4分） 2. 学习态度（3分） 3. 团结合作（3分）				
总分					
综合得分	教师根据学生的实训表现进行综合打分，其中自我评价占20%，小组评价占30%，教师评价占50%。				

2. 教师根据各组实训进程及成果展示进行评价。

（1）找出各组的优点；

（2）展示过程中各组的缺点，提出改进方法；

（3）整个实训中出现的亮点和不足。

巩固与提高

一、单项选择题

1. 下列电子商务业务模式属于淘宝个人网店经营的是（　　）。
   A. B2B　　　　B. B2C　　　　C. C2C　　　　D. C2B
2. 目前，一直困扰电子支付发展的关键性问题是（　　）。
   A. 安全性　　　B. 便捷性　　　C. 效率　　　　D. 经济性
3. 网上店铺零售是典型的电子商务在（　　）之间的应用。
   A. 企业-企业　B. 企业-消费者　C. 企业-政府　D. 消费者-政府

二、简答题

1. 寻找货源有哪些渠道？需要注意些什么？
2. 网店产品市场定位的核心是什么？定位能为网店带来什么好处？

三、讨论题

1. 简述网上开店前的分析与定位的重要性。
2. 分析农产品网店的市场规模及用户特征。

项目二

网店商品发布管理

卖家进行商品发布管理时，需要编辑宝贝标题、卖点以及其他基本信息，一个好的标题既要承担被搜索到的重任，又能够激发用户的点击欲，为店铺带来更多的免费流量。接下来卖家需要设计具备引导性的详情页，提高店铺转化率，促使顾客产生购买行为。卖家通过设置运费模板、橱窗推荐等完成商品的最终发布。通过本项目的学习，可以掌握一套系统的网店商品发布管理的操作方法。

学习目标

知识目标

1. 了解商品标题的撰写方法；
2. 熟悉详情页设计的基本思路；
3. 熟悉上下架时间和橱窗推荐对商品排名的重要性。

能力目标

1. 熟悉商品标题常见的选词方法；
2. 掌握详情页内容的分类和设计技巧；
3. 掌握商品上下架时间和橱窗推荐的设置技巧；
4. 能够完成商品的最终发布。

模块一 任务分解

运营人员一般将商品发布管理工作分成商品标题的撰写、商品详情页的设计、完成商品发布三大步骤。

☑ 任务一 商品标题撰写

卖家登录淘宝账号，进入卖家中心，单击左侧导航栏中的"发布宝贝"，进入到宝贝信息填写页面，如图 2-1 所示。

图 2-1　卖家中心左侧导航栏

如图 2-2 所示，卖家根据发布宝贝的具体属性，选择对应的类目。例如，乐町少女官方网店上新的是一款连衣裙，所以选择女装/女士精品类目下的连衣裙，单击"我已阅读以下规则，现在发布宝贝"按钮，进入宝贝编辑页面。首先卖家需要填写宝贝基本信息中的宝贝标题，如图 2-3 所示。

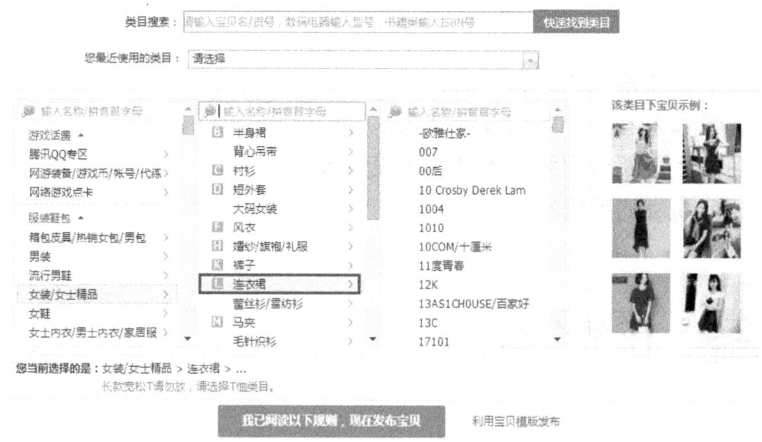

图 2-2　选择宝贝类目

图 2-3　宝贝标题编辑页面

卖家在撰写商品标题之前，需要了解商品标题是如何构成的，在淘宝上搜索不同类目的商品关键词，可以发现目前淘宝上的商品标题均是由核心词、属性词、长尾关键词和促销词构成的。

1. 核心词

卖家要选一个好的核心词，这样才能将商品的流量集中。核心词一般包含：产品词、类目词、品牌词和二级词。卖家在撰写标题时，应该从买家的角度考虑，比如选择类目词时，卖家可以参考淘宝首页的类目划分，如图 2-4 所示。那么乐町少女官方网店要发布的该款连衣裙，品牌词是乐町，类目词为女装，产品词为连衣裙。

图 2-4 淘宝首页类目划分

2. 属性词

属性词是与商品属性相对的词语，能够说明商品的尺寸、色彩、质地等相关的商品信息，让用户在搜索商品时，尽可能准确定位到商品的关键词。卖家在确定属性词时，一方面可以参考商品本身的信息，另一方面可以参考发布商品时官方需要填写的宝贝属性信息。

3. 长尾关键词

长尾关键词指非目标关键词但也可以带来用户搜索流量的关键词，这类词精准度比较高。长尾关键词需要根据竞争对手和客户群体分析，分析这款产品的用户群搜索习惯、会搜什么样的词、会怎么搜等。长尾关键词一般可以通过以下方法收集。

（1）淘宝搜索下拉框

比如当顾客搜索"连衣裙"时，淘宝搜索下拉框会有一些系统推荐的词，这些词搜索流量很大，属于标题中必备的关键词，如图 2-5 所示。

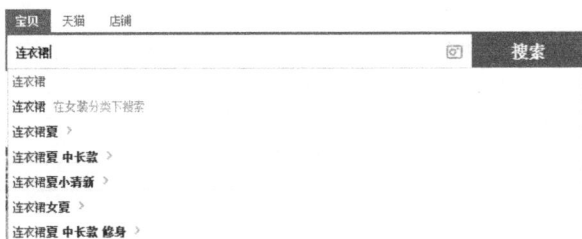

图 2-5 淘宝搜索下拉框

（2）淘宝排行榜

排行榜反映的是市场趋势，包含服饰、数码家电、化妆品、食品等大类的近期飙升关键词。这些都是一些竞争力很大的关键词，可以帮助卖家了解某个行业的市场方向，捕捉竞争相对较低的搜索上升词，如图2-6所示。

图2-6　淘宝排行榜

（3）淘宝搜索后的"您是不是想找"

比如当用户搜索"连衣裙"时，搜索结果页中间会有一些系统推荐的词，这些都是用户常搜索的关键词，如图2-7所示。

图2-7　搜索页"您是不是想找"

（4）参考同行Top商品

卖家根据店铺经营的类目，参考同行Top商品的标题，这些标题中的关键词都是通过市场筛选的，具有一定优势的关键词。

（5）直通车系统推荐词

直通车新增宝贝推广时，系统会自动匹配关键词，每个关键词都会有相关性、竞争指数、展现指数等多维度的数据提供给卖家参考，如图2-8所示。

图2-8　直通车系统推荐词

（6）移动端锦囊词

移动端除了可以用淘宝搜索下拉框收集外，也可以参考输入关键词后结果页中间的锦囊词，如图 2-9 所示。

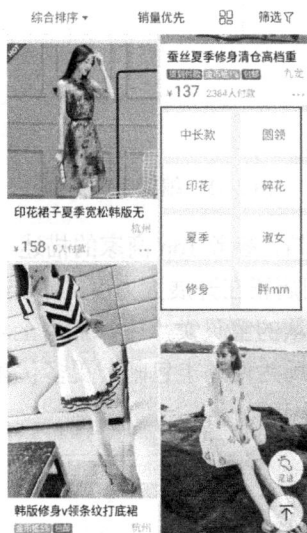

图 2-9 移动端锦囊词

（7）生意参谋

根据生意参谋中的市场行情，通过参考不同时间段的热门搜索词、热门长尾词的多维度数据选取关键词。

乐町少女官方网店运营人员参考以上方法，结合连衣裙本身特点，筛选出长尾关键词为新款、小清晰、印花短裙、衬衫裙子。

4. 促销词

促销词是指与店铺活动相关，能够吸引刺激用户产生购买的词，如包邮、特价、火爆热卖、限时打折等。

最后卖家需要将核心词、属性词、长尾关键词和促销词组合起来。由于乐町少女官方网店的这款新品没有参与店铺相关的活动，所以标题中暂时没有促销词，最终将发布的连衣裙商品标题确定为"乐町 2016 夏装新款女装小清新无袖连衣裙韩版衬衫裙子印花短裙"，如图 2-10 所示。卖家完成标题撰写，后期需要统计、分析标题数据并进行优化，这样才能使得宝贝的搜索权重逐渐上升。

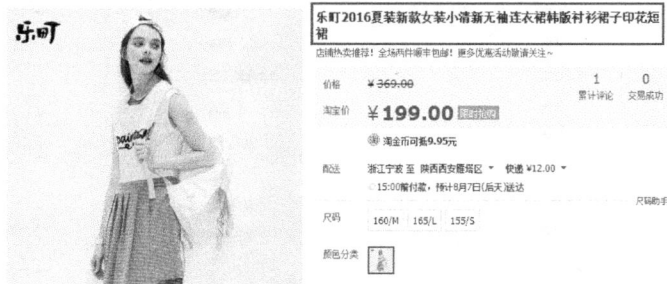

图 2-10 连衣裙商品标题

宝贝卖点是一种不同于宝贝标题，对商品特色和主打优势进行的补充说明，如图 2-11 所示。这个功能可以让买家更直接、更快速地了解商品，同时可以添加促销说明，直接吸引买家购买。

图 2-11　编辑宝贝卖点

卖家根据不同类目的市场行情，参考 Top 商家的描述，提炼更能吸引用户的宝贝卖点。如图 2-12 所示，乐町少女官方网店正在开展大力度的顺丰包邮活动，为了曝光店铺活动，吸引更多的用户关注，所有上新款的宝贝卖点中添加"全场两件顺丰包邮！"。最终将宝贝卖点确定为"店铺热卖推荐！全场两件顺丰包邮！更多优惠活动敬请关注~"。

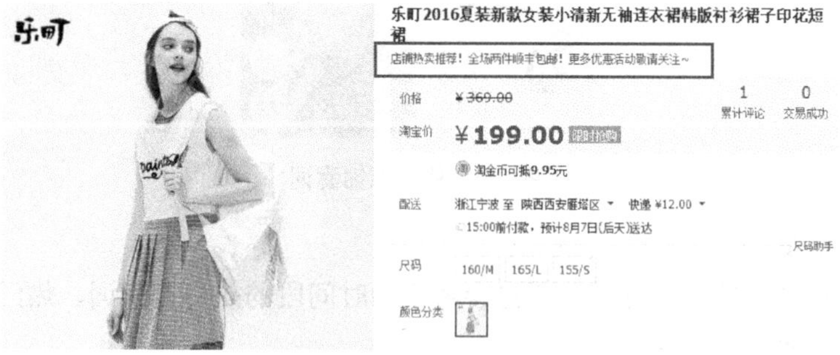

图 2-12　宝贝卖点展示

接下来是编辑宝贝属性，属性应该尽量详细，如图 2-13 所示。编辑好的属性会显示到宝贝发布后的宝贝参数栏目中，如图 2-14 所示。详细的商品参数会给用户带来高度信任感，相对于参数不全的同类商品更容易被接受。

图 2-13　宝贝属性

宝贝详情　　累计评论 1　　专享服务

货号: C1FA53115　　　　风格: 甜美　　　　　甜美: 日系
组合形式: 单件　　　　　裙长: 短裙　　　　　袖长: 无袖
领型: 其他　　　　　　　腰型: 中腰　　　　　图案: 字母
品牌: 乐町　　　　　　　成分含量: 95%以上　材质: 锦
适用年龄: 18-24周岁　　年份季节: 2016年夏季　颜色分类: 其他颜色
尺码: 160/M 165/L 155/S 170/XL

图 2-14　宝贝属性展示页面

☑ 任务二　商品详情页设计

商品详情页是提高店铺转化率的入口，可以激起用户的消费欲望，树立对店铺的信任感。卖家应从用户的角度出发，帮助用户消除疑虑，引导其产生最终的购买行为。那么如何设计好一个商品详情页呢？

卖家编辑完宝贝的基本信息后，开始设计商品详情页，即宝贝描述，如图 2-15 所示。编辑宝贝的详细描述时需要注意，宝贝详细描述是展示在宝贝购买页面中宝贝参数的下方，通常包含图片、文字说明、视频等。

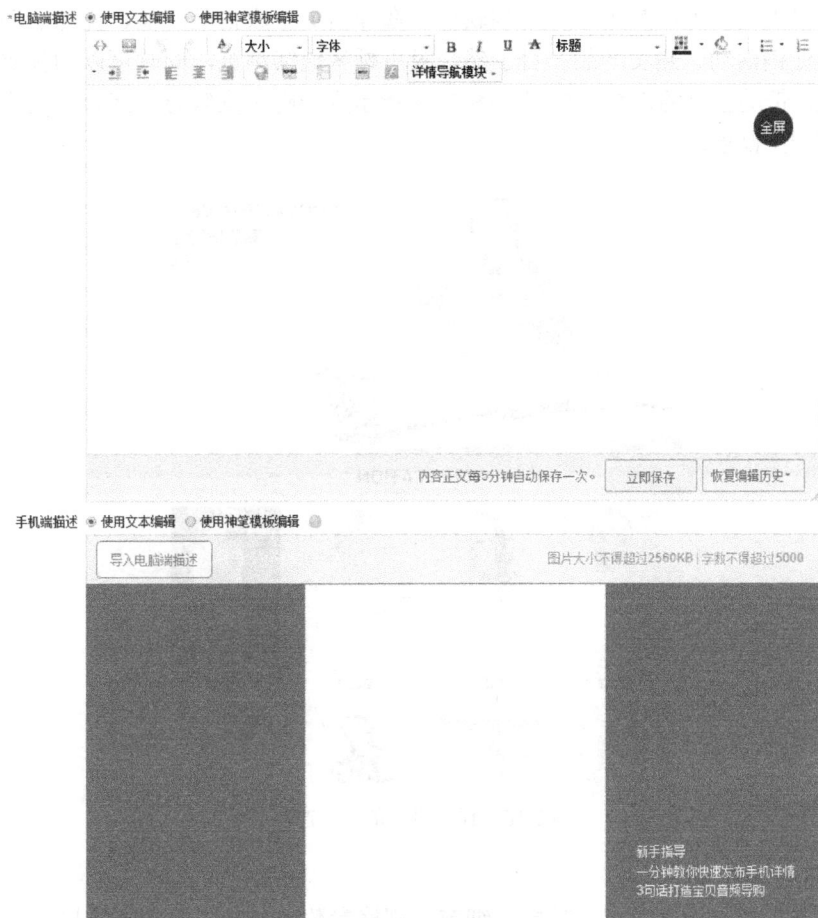

图 2-15　宝贝描述

那么如何设计宝贝描述呢？首先需要了解消费者的消费心理。消费者看商品详情页，和逛实体超市是一样的，超市都有基本的行径路线、区域划分去引导顾客，那么一个好的商品详情页该如何引导顾客呢？消费者在购买时，都有一套自己特定的选择逻辑。卖家应从消费者的角度考虑：消费者在选择一家店铺的产品时，首先会考虑什么、其次是什么、最后影响决定购买的又是什么。

比如针对一款"中国风墙贴"，消费者首先会考虑这款墙贴的风格是否适合家装需要，装修效果是否符合自己心理需求，所以详情页的第一视觉需要能够打动顾客。其次，顾客会考虑到使用产品的多个细节问题，比如多长时间需要更换、是否方便清理等。然后顾客才会考虑到墙贴的尺寸、售后服务等。所以商品详情页的设计必须按照消费者这种思路去铺垫，而不是直接就展示商品卖点。详情页的设计要遵循基本的思路：引发兴趣→激发潜在需求→从信任到信赖→替客户做决定。

按照以上思路，结合淘宝多年越来越完善的详情页设计体系，以PC端为例，可以将详情页内容分为五大类，分别是：促销说明类、商品展示类、吸引购买类、实力展示类和交易说明类。根据不同类目特点，可单独调整每个类别包含的模块。

1. 促销说明类

该大类下主要分为：热销产品、搭配产品、促销产品和优惠方式。

卖家可以利用官方或是第三方定制软件，在详情页生成搭配产品、优惠活动等，让顾客对店铺的促销活动、热卖产品一目了然，吸引顾客继续浏览，同时可以为优质的宝贝分享更多流量，带动宝贝的销量与排名。图 2-16 所示为乐町少女官方网店该款连衣裙商品详情页中的搭配产品展示。

图 2-16　详情页中的搭配产品

2. 商品展示类

该大类下主要分为：卖点、功能、细节、规格参数、包装、搭配和效果。

商品的卖点、功能可以通过图文或视频的方式，突出卖点或是有代表性的功能，在实际生活中可以帮助顾客解决哪些问题，从各个方面告诉顾客为什么要购买该产品。其次由于线上购买，顾客并不能像实体店那样判断产品是否合适、质量如何，所以需要卖家尽可能详细地展示产品的细节，通过图文结合的方式，让顾客更清楚地了解产品。最后卖家应该尽量让宝贝的尺寸可视化，可以采用实物与宝贝做对比，让顾客切身体验到宝贝的实际大小，以免收到货时低于心里预期。

如图 2-17 所示为乐町少女官方网店该款连衣裙商品详情页中的细节展示。

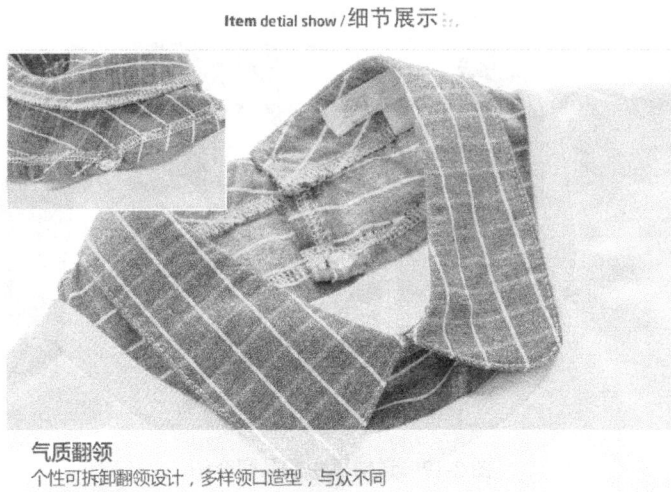

图 2-17　详情页中的细节展示

3. 吸引购买类

该大类下主要分为：卖点打动、情感打动、买家评价、实拍晒单和热销情况。

卖点打动除了以图文形式突出商品的优势外，也可以通过与其他店铺的商品作详细对比，推动顾客产生购买行为。详情页中添加已购买用户的好评、实拍晒单，可以让用户参照买家使用的评价，提高对此商品的进一步认同感。另外如果该商品在同行中销量靠前，可以在详情页中展示热销情况。图 2-18 所示为乐町少女官方网店该款连衣裙商品详情页中的卖点打动展示。

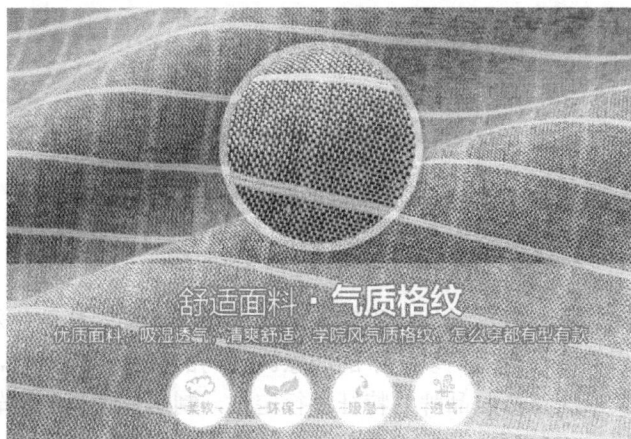

图 2-18　详情页中的卖点打动

4. 实力展示类

该大类下主要分为：品牌、荣誉、资质、生产和仓库。

通过介绍店铺的品牌，包括品牌的起源与发展、品牌理念、关联品牌的产品介绍等，增加品牌的曝光度和产品的可信度。同样如果商品详情页中包含相关的资质证明或是仓库、线下实体店等，可以凸显产品的高质量，加强对品牌的信任感。图 2-19 所示为乐町少女官方网店商品详情页中的品牌介绍展示。

图 2-19　详情页中的品牌介绍

5. 交易说明类

该大类下主要分为：购买须知、物流、退换货和保修。

该大类主要解决顾客已知或是未知的各种问题，比如是否支持 7 天无理由退换货，发什么快递，如果产品有质量问题该如何解决等。良好负责的售后与物流服务一方面可以减少客服的工作量，另一方面可以提高用户对店铺服务的满意度。图 2-20 所示为乐町少女官方网店商品详情页中关于退换货、快递等的买家说明。

图 2-20　详情页中的买家说明

除了上述的五大类的详情页设计，卖家还应该注意详情页的整体色彩要统一，所使用的文字、图案要力求简洁，给用户以集中的印象。不同的商品千差万别，不同类目、品牌都有其不同特征，卖家应该按照品牌的特征进行定位，制定详情页的逻辑方向，根据卖点进行详细的展开说明。

商品详情页除了图片设计，另一个重点就是详情页的文案，它也是宝贝详情页的核心。

什么样的文案才能吸引顾客，牢牢抓住他们的眼球和心，进而达成交易呢？

在淘宝上有不少店铺以出彩的文案获取了大量粉丝的关注，比如"步履不停"这家店铺，主打文艺风，追求简洁、舒适的着装体验。店铺的消费群体大多是都市白领女性，平日全身心投入工作，其实她们内心最向往的是一种轻松、自由的状态，所以店铺商品详情页中的文案都是一些追求自由灵魂的宣导，偶尔文艺，偶尔个性，如图 2-21 所示。这种富有情感品牌调性的文案，使买家很自然地提升对品牌的认同感，认为这就是自己想要追求的一种生活态度，刺激了他们的购买欲望。

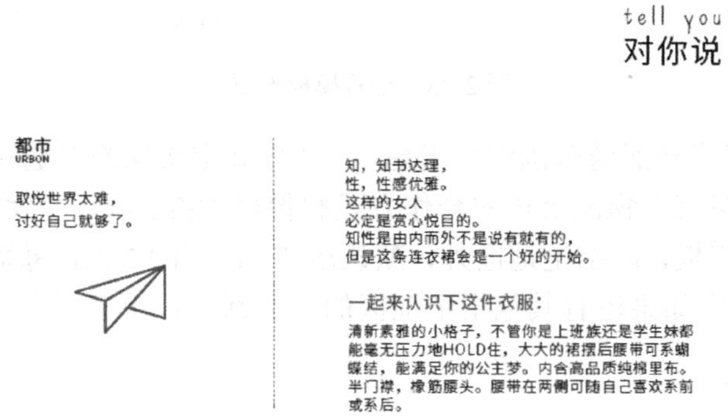

图 2-21　商品详情页中的文案

详情页中的文案紧贴店铺目标人群定位外，还应该从痛点入手，设身处地为消费者着想，考虑什么才是他们真正在乎和需要的，为他们找到购买该产品的理由。比如经营母婴产品的卖家，文案方面就应该突出健康方面的产品知识，强调伪劣品对消费者带来的危害，再强调自身产品的优势，这样就能够顺利刺激到消费者的购买欲望。

☑ 任务三　完成商品发布

卖家完成宝贝描述的编辑之后，接下来需要选择已有或新建运费模板，如图 2-22 所示。根据运费模板中的邮费设置和商品物流参数，系统可以自动计算出不同地区的买家在购买时所需的邮费。

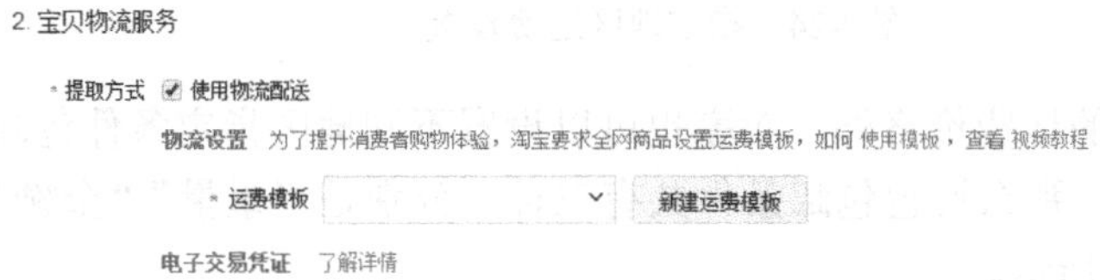

图 2-22　物流设置

在物流设置中单击"新增运费"模板进入编辑页面，填写主要信息，如图 2-23 所示。模板名称的设置要便于卖家区分不同时期或是不同活动的运费标准，发货时间以店铺可以准确发货的时间为准，避免引起发货咨询和纠纷问题。是否包邮的设置，卖家可以选定自己承担运费或自定义运费，计价方式一般选择按重量。运送方式按照店铺实际情况选择快递、EMS 或是平邮。

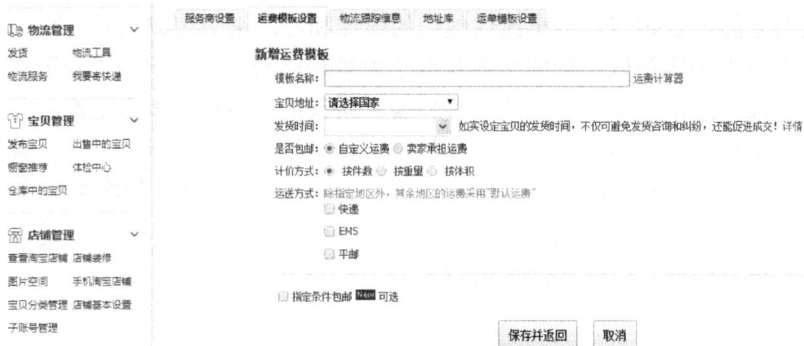

图 2-23　运费模板设置

从价格、物流速度和配送范围综合考虑，大部分淘宝卖家都会选择快递的运送方式。具体运费以卖家和第三方物流公司的合作方式和价格为准。乐町少女官方网店为该款连衣裙选用日常运费模板，除指定地区外，默认运费 1kg 内 12 元，每增加 1kg 续费 5 元，如图 2-24 所示。卖家如果还有其他指定地区的运费都可以单独设置。

图 2-24　指定地区运费设置

除了设置指定地区的运费价格外，卖家也可以设置不同地区指定条件包邮。如果之前选择按重量的计价方式，那么设置包邮条件共有三种，分别是"重量""金额"和"重量+金额"包邮，如图 2-25 所示。

图 2-25　指定条件包邮

卖家根据店铺的实际情况，勾选是否提供发票、保修服务、退换货承诺和服务保障，如图 2-26 所示。如果卖家加入"七天无理由退货"服务，此处系统会默认勾选"服务保障"。退换货承诺指凡使用支付宝服务付款购买本店商品，若存在质量问题或是与描述不符，卖家将主动提供退换货服务并承担来回邮费。

3. 售后保障信息

售后服务　□ 提供发票
　　　　　□ 保修服务
　　　　　□ 退换货承诺：凡使用支付宝服务付款购买本店商品，若存在质量问题或与描述不符，本店将主动提供退换货服务并承担来回邮费
　　　　　☑ 服务承诺：该类商品，必须支持【七天退货】服务，承诺更好服务可通过【交易合约】设置

图 2-26　售后保障信息

卖家编辑完商品基本信息、物流信息、售后保障信息后，进入到最后一步宝贝上下架和橱窗推荐的设置，如图 2-27 所示。

卖家为什么需要设置上下架时间呢？因为淘宝每天都有大量的商品进行发布，为了让新上架的商品有展现的机会，官方采用宝贝公平竞争的机制，离下架时间越近的宝贝能够展现的机会就越多。卖家通过合理设置商品上下架时间就有可能获

4. 宝贝其他信息

库存计数　◉ 买家拍下减库存　○ 买家付款减库存 ◉
开始时间　○ 立刻开始　◉ 定时上架　○ 放入仓库
　* 设定至　年-月-日 时 分 秒
会员打折　◉ 不参与会员打折　○ 参与会员打折
橱窗推荐　◉ 是 ◉ 您的橱窗使用情况：共【7】个，已用【6】个。

图 2-27　宝贝上下架和橱窗推荐设置

得更多的免费流量。商品发布成功之后，以 7 天为一个周期，到 7 天后系统将自动对商品做下架并上架操作，越接近 7 天的下架时间点，商品搜索会增加相应的权重，宝贝权重越高，展现的机会和曝光率会更高，排名会更靠前。

卖家在设置宝贝上下架时间时，需要提前做好以下几个方面的工作：

1. 研究买家访问时间

宝贝一般的最佳上架时间和淘宝网访问量最高峰时间段分别是早上 9 点至 11 点，下午 14 点至 17 点和晚上 19 点至 23 点。具体的上架时间段需要卖家分析店铺的访客时间来确定。卖家可以查看生意参谋中的"访客分析"选取时间段，查看一天内访客和下单买家数的趋势，参考下单买家数较多的时间段来确定上架时间。

2. 合理安排上架产品

以平均分配的方法，根据产品总数和实际一周分配天数进行计算后期卖家可以根据实际情况对品类分配进行调整。比如卖家发现连衣裙周末购买率远远大于周一至周五，则可以将连衣裙的上架数主要调至周末。

3. 上架时间要准确

计算出每小时上架产品数，按照平均分配法，计算每天每小时需要上架的产品数，以及上架的间隔时间。

4. 分配产品数量

根据上面的计算，可以计算出每个时间段上架的宝贝数量。商品只有在即将下架的时间才会获得优先展现的机会。如果卖家期望商品在 10 点有优先展现的机会，产品的实际上架时间需要设定在 10 点 10 分左右，即实际上架时间要比期望展现时间点延迟相应的时间。

卖家设置好商品上下架时间之后，需要勾选是否橱窗推荐该宝贝。店铺中属于橱窗推荐的宝贝会优先展现，获得较好的排名，橱窗推荐的宝贝会比没有橱窗推荐的宝贝获得更

多的展现机会。

既然橱窗推荐位可以为宝贝带来更好的排名和展现，那么卖家如何获得更多的橱窗推荐位？官方根据信用等级、开店时间、是否参加消保等多个维度设定了不同数量的奖励橱窗位，如图 2-28 所示。卖家可以逐步达到这些要求，获取更多的橱窗位。

规则纬度	规则内容
信用等级	星级卖家奖励10个橱窗位 钻级卖家奖励20个橱窗位 冠级卖家奖励30个橱窗位
开店时间	开店时间少于90天内，奖励10个橱窗位 开店时间满1年奖励2个橱窗位 开店时间满2年奖励5个橱窗位 开店时间满3年奖励10个橱窗位
消保	缴纳消保保证金的，奖励5个橱窗位
店铺周成交额	周成交额是指上周的周成交额，计算周期为周四0点至周三23:59:59 如果近30天无成交，或店铺不满1星，或主营类目不符合要求，或上周处于延罚状态,没有奖励橱窗位。 成交额奖励橱窗的使用有效期为1周，每周五老的奖励失效，新的奖励生效。
金牌卖家	金牌卖家奖励：5个橱窗位
违规扣分	一般违规扣分（A类扣分）满12分及以上，扣除5个橱窗位 严重违规扣分（B类扣分）满12分及以上，扣除10个橱窗位 出售假冒商品被违规扣分（C类扣分）满24分及以上，扣除20个橱窗位

图 2-28　橱窗数量规则

卖家应充分利用已有的橱窗位，选择合适的宝贝为店铺引流，首先选出重点优质宝贝长期橱窗位推荐，作为店铺重点引流的宝贝。其余优先推荐离下架时间近的宝贝，这是由于淘宝会将越接近下架时间的商品，增加搜索权重，同时再利用橱窗位的推荐机制，可以让宝贝排名更靠前，获得更多的展现机会。

模块二　相关知识

一、卖家在填写宝贝基本信息时应注意哪些问题？

1. 宝贝类型

宝贝的分类设置，卖家要根据宝贝实际情况选择类型。

2. 品牌

淘宝收录的品牌名称已经有成千上万种，一般的大众品牌都可以找到。如果卖家发布自创品牌，需要填写品牌信息，进行品牌申请。

3. 适用年龄

年龄是一个很重要的维度，选择商品的适用年龄，让喜欢该商品的买家，更容易搜索到该商品。

4. 宝贝属性

宝贝属性会根据卖家经营的产品不同出现不同的选项,根据选项要求填写宝贝的属性。

二、淘宝卖家如何做好宝贝描述?

淘宝卖家一般有多个信息来源,如供应商信息、仓库信息、客服信息、竞争对手信息等。在商品描述上,卖家必须从以下几个方面去获取信息进行处理。

(一)如何让客户帮卖家做商品描述?

淘宝上大多数的卖家都有客服部门,客服不仅可以为店铺接待客户、处理订单信息,而且他们在这个过程中会获取大量的顾客需求信息,比如某个商品或者某个系列的商品,有经验和善于总结的客服人员就会发现,顾客咨询的问题往往大同小异,客服部门主管可以将这些问题整理成 FAQ 文档作为培训使用,更深入的问题在于,这些信息有没有进行进一步的加工和处理,从而指导编辑人员对商品描述进行修改,假如客户关心的问题在商品描述上都能简明清晰地展示出来,这样就会为客服人员节省大量时间。

(二)如何让竞争对手帮卖家做商品描述?

一般来说,不同的顾客即使购买同样的商品,他们关注的焦点也会不同,有的人比较关心价格,有的人比较关心使用期限,有的人比较关心包装等,任何一个卖家都不可能照顾到所有的客户需求。卖家首先需要研究竞争对手是用什么吸引客户的,并且分析顾客的需求比重,关心价格的大概占比,关心商品质量的占比,关心包装的占比,关心运送速度占比等。卖家做好第一步并且持续性地关注竞争对手的信息,一段时间就会对占比有大概的了解。卖家之后有针对性地设置商品描述,就会让顾客惊喜地发现,原来他需要解决的问题早已帮他解决好。在针对竞争对手的商品描述上有两个思路,一是找到竞争对手的空白点,另一个是在竞争对手的优势上更突出优势。

(三)如何让采购人员帮卖家做商品描述?

采购人员在采购之前,最起码(需要)获取三方面的信息并进行分析,一方面是市场信息,一方面是供应商信息,另一方面是本公司信息。一般来说,采购人员是公司第一个最全面了解商品的人员,为什么要采购这个商品?供应商推荐这个商品的原因是什么?市场接受这个商品的原因是什么?公司有哪些资源能保证把这个商品卖好?采购人员在做采购之前一般都会进行分析,这些数据可以指导编辑人员进行商品描述。

(四)策划编辑人员如何做好商品描述?

归根到底,商品描述是必须由策划编辑人员来完成的,如何在商品描述上把需要体现的信息表现好,是策划编辑人员专业能力的体现。从客户、竞争对手、采购人员获取信息后,这些信息知识经过初步的筛选和处理,并不能形成系统。策划编辑人员首先要对这些信息进行系统化规整,然后有逻辑性地进行整理和美工表现。

三、如何挖掘商品卖点?

文案运营者写商品详情页中的文案时,首先要有清晰的思路。为了帮助运营人员更好地撰写商品卖点,建议使用以下几种方式去挖掘:九宫格思考法、型录要点延伸法、三段式写作法。

1. 九宫格思考法

主要方法是取一张白纸，用笔先分成九宫格，中间格填写商品名，接下来在其他 8 格填上可以帮助此商品销售出去的优点。比如韩束店铺有一款叫"韩束墨菊巨补水八件套"商品，先将商品名写在中间格，其他 8 格填上该商品的可行性销售优点"补水、纯天然、国际大牌、无刺激、夏天适用……"，这种方式可以在前期的时候让文案运营者形成发散性思维。

2. 型录要点延伸法

型录是商品编录、目录的含义。纯照抄型录里的商品卖点也可以，但文字说服力会稍差，更好的做法是把商品型录上的特点照抄下来后，再于每个卖点后面根据商品的真实使用体验加以延伸。

3. 三段式写作法

第一段精要地浓缩销售话术，第二段依照型录要点延伸法，逐一说明该商品的众多特色，第三段强化商品独特销售点、价格优势或赠品。为了让三段式写作中的每一段都制作出一目了然、层次清晰的商品关键信息，清晰的话术和优秀的图片显得尤为重要。建议采用目前流行的趋势"一图一文或多图一文"的编辑方式。

同步实训

一、实训概述

本项目实训为网店商品发布管理实训，学生通过本项目的学习，能够完成商品标题的撰写、商品详情页设计、运费模板设置、橱窗推荐等一套完整的商品发布管理。

二、实训素材

安装有基本办公软件与作图软件的电脑设备。

三、实训内容

学生分组，并选出各组组长，以小组为单位进行实训操作。在本实训中，每小组根据指定的不同商品完成网店商品发布管理工作。

任务一　商品标题撰写

教师指定某款商品，学生根据该商品撰写标题和编辑卖点与属性。

确定关键词	包括核心词、属性词、长尾关键词和促销词
标题组合	根据不同类目，确定最终的组合形式
宝贝卖点	突出产品特点与优势
宝贝属性	属性信息尽可能详细

任务二　商品详情页设计

学生根据指定商品，完成商品详情页的设计。

详情页基本逻辑	从消费者角度考虑，确定最终的设计思路
促销说明类	主要分为热销产品、搭配产品、促销产品和优惠方式
商品展示类	主要分为卖点、功能、细节、规格参数、包装、搭配和效果
吸引购买类	主要分为卖点打动、情感打动、买家评价、实拍晒单和热销情况
实力展示类	主要分为品牌、荣誉、资质、生产和仓库
交易说明类	主要分为购买须知、物流、退换货和保修
色彩风格	详情页的整体色彩要统一，所使用的文字、图案要力求简洁
文案	紧贴店铺目标人群定位，从痛点入手

任务三　完成商品发布

学生根据指定商品，完成运费模板设置、上下架时间和橱窗推荐设置。

运费模板	不同地区的邮费标准和包邮活动
上下架时间	确定上下架时间
橱窗推荐	选择合适的宝贝推荐为店铺引流

四、考核评价

各个小组可以通过本实训的展示，本人完成"自我评价"，本组组长完成"小组评价"内容，教师完成"教师评价"内容。

1. 评价表

评价项目	评价内容	评价标准	评价方式		
			自我评价	小组评价	教师评价
专业能力	任务一：商品标题撰写（30分）	1. 标题中的核心词、属性词、长尾关键词、促销词的确定是否合理（16分） 2. 标题关键词的组合是否合理（4分） 3. 商品属性信息的填写是否与产品本身特性符合（5分） 4. 提炼出的商品卖点是否合理（5分）			
	任务二：商品详情页设计（30分）	1. 产品和用户的特点分析是否合理（5分） 2. 详情页中的促销说明类、商品展示类、吸引购买类、实力展示类和交易说明类的设计是否合理（20分） 3. 详情页中的文案是否能够精确描述宝贝，突出产品的优势，刺激消费者（5分）			
	任务三：完成商品发布（30分）	1. 是否能够根据要求设置不同地区的邮费标准和包邮活动（10分） 2. 能否合理设置商品上下架时间（10分） 3. 橱窗推荐设置是否合理（10分）			
职业素养	1. 责任意识（4分） 2. 学习态度（3分） 3. 团结合作（3分）				
		总分			
综合得分	教师根据学生的实训表现进行综合打分，其中自我评价占20%，小组评价占30%，教师评价占50%。				

2. 教师根据各组实训进程及成果展示进行评价。

（1）找出各组的优点点评；

（2）展示过程中各组的缺点点评，提出改进方法；

（3）整个实训中出现的亮点和不足。

巩固与提高

一、单选题

1. 商品发布时的有效期为（　　）天。

    A. 7　　　　　　　B. 10　　　　　　　C. 14　　　　　　　D. 21

2. 下列选项中，（　　）不是运费模板中的计价方式。

    A. 按件数　　　　B. 按重量　　　　C. 按体积　　　　D. 按件数+重量

3. 下列选项中，（　　）不是商品标题中的促销词。

    A. 包邮　　　　　B. 特价　　　　　C. 韩版　　　　　D. 限时打折

4. 详情页设计要遵循基本的思路，以下（　　）排序是正确的。

① 替客户做决定；② 激发潜在需求；③ 引发兴趣；④ 从信任到信赖。

    A. ①②③④　　　B. ③②④①　　　C. ③②①④　　　D. ①②④③

二、简答题

1. 商品详情页的设计内容可以分为几大类，每大类具体都包含什么？

2. 商品标题应如何撰写？

三、论述题

1. 简述卖家设置商品上下架时间之前应做的工作。

2. 简述橱窗推荐位应如何设置。

四、操作题

挑选某一商品，完成一整套的商品发布流程。

网店装修管理

好的店铺装修不但能带给买家视觉美感的享受，还能缓解买家浏览网页时的疲劳感。而店铺装修，主要从店招、海报、商品分类栏、促销区以及自定义栏五大模块着手美化。店铺中好的商品在适当的修饰过后，会让顾客更加不愿意拒绝，更有利于成交率的提高与转化。同时，对于店铺来说，一个好的店铺设计是必要的元素，因为顾客只能从网页上通过图片和文字来了解店铺以及商品，所以店铺的装修与美化对增加顾客信任感起到关键的作用，甚至还能对自身店铺品牌树立起良好的形象。

学习目标

知识目标

1. 了解网店装修的基本步骤；
2. 了解视觉营销的基本元素。

技能目标

1. 掌握店招、促销区的设计方法；
2. 掌握商品分类栏的设计方法；
3. 掌握自定义栏目的设计方法。

模块一 任务分解

☑ 任务一 店招设计

店铺的店招，即店铺的招牌，是网店装修中最重要的模块之一。店招是顾客看到店铺后对店铺做出的第一印象判断，是建立自身对店铺认识的第一步，所以店招是商家用来展示自身店铺名称和形象特点的一种重要途径。它可以由文字和图案组成，表现的方法也十分灵活。但网店店招的表现形式和作用与实体店铺有一定区别，顾客相比实体店铺，顾客只有进入了店铺之后才可以看得到店招。因此在设计网店的店招时要更多地从留客的角度去考虑。

一、明确店招装修步骤

对于店铺来说，店招的形式大致可分为两种：一种是动态图片，另一种是静态图片。静态图片的格式比较多，制作也相对简单，能满足大部分卖家对店铺装修的要求。

首先进入淘宝页面，单击"我是卖家"就会在出现的页面左栏"店铺管理项"中看到"店铺装修"一项，如图 3-1 所示。

图 3-1 "我是卖家"页面

这时单击"店铺装修"项，页面将会跳转至店招编辑页面，在这个页面栏的右上角会出现编辑的图标，如图 3-2 所示。

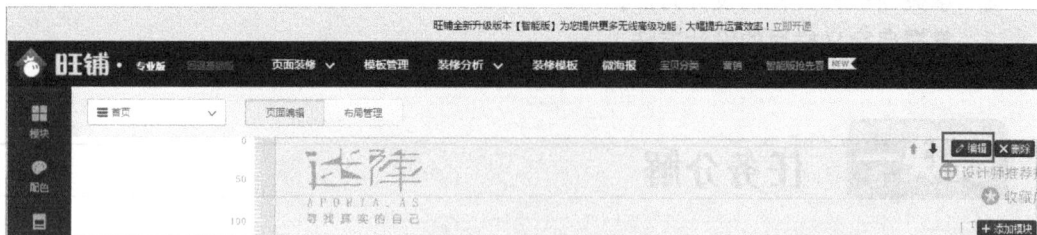

图 3-2 编辑页面

在点击"编辑"后，就可以进入店招编辑模块，开始对店招进行编辑，其中，店招编辑可分为"默认招牌"和"自定义招牌"两个方法（Banner Maker 目前已经下线无法使用）。其中，默认店招可以直接选择自己设计的，通常店铺装修使用比较多的还是"选择文件"编辑。因为"选择文件"方式在店铺风格、表现形式等方面更具有独特性，如图 3-3 和图 3-4 所示。

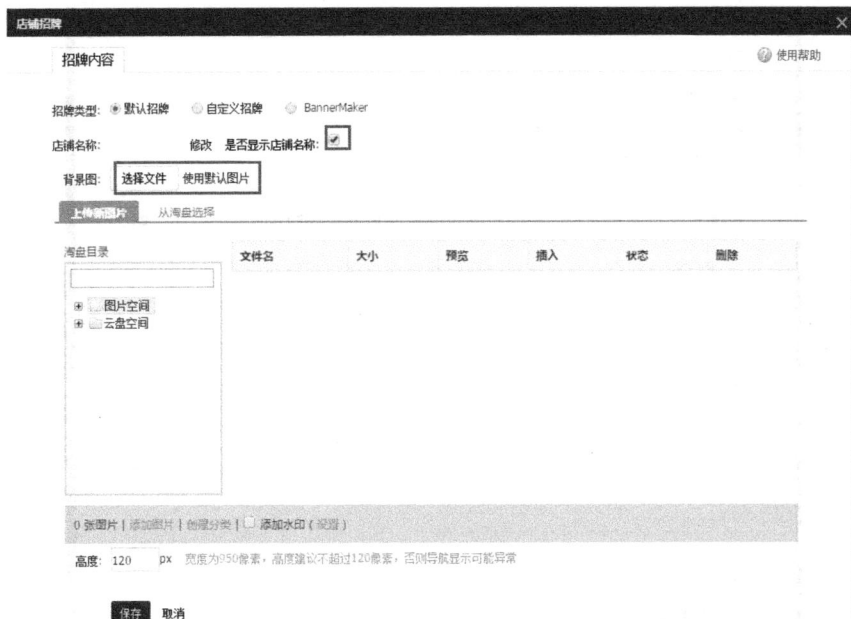

图 3-3　选择文件

图 3-4　店招编辑

　　在选择好编辑方式后，在店标制作页面，首先要选择招牌显示类型，淘宝招牌显示类型有两种，分别是默认招牌与自定义招牌。

　　默认招牌是指"背景图片+店铺名称"显示，这种设置非常简单，其中的背景图片不但可以更换，还可以使用淘宝店铺默认的招牌背景图片。自定义店招功能比较丰富，既可以添加自己设计的店招图片，也可以安装更多功能的店招代码。

　　另外，淘宝顶部模块的高度默认是 150 像素，顶部模块包括店铺招牌和导航条，其中导航条高度为 30 像素，因此一般建议设置店招高度在 120 像素以内。如果设置店招高度超过 120 像素，导航条就会被挤压，因此如果出现店招代码或者购买的模板包含了导航条，即店招本身高为 150 像素，可以选择设置店招高度为 150 像素，来隐藏淘宝自带的导航条。如图 3-5 所示。

图 3-5　店招自定义设置

二、店招的设计与制作

在进行店铺装修的时候，淘宝根据个人差异向卖家提供有多种风格，但在店招的制作风格上，很大程度上和店铺经营的产品相关，所以要讲究店招、产品、店铺风格的统一性。并且，店招在网店中，一直处在店铺第一屏中最为醒目的位置，是传达信息最好的阵地。店招需要让顾客走进这家店，就可以很清晰地了解到店铺的经营性质。

（一）普通店招设计

迷阵原创女装自营店的服装品牌理念是追求自由个性的简约生活，其在店招的底色选择上结合店铺定位，新建店招图层后，选择纯白背景，在店招图层的左侧置入店铺 Logo，如图 3-6 和图 3-7 所示。

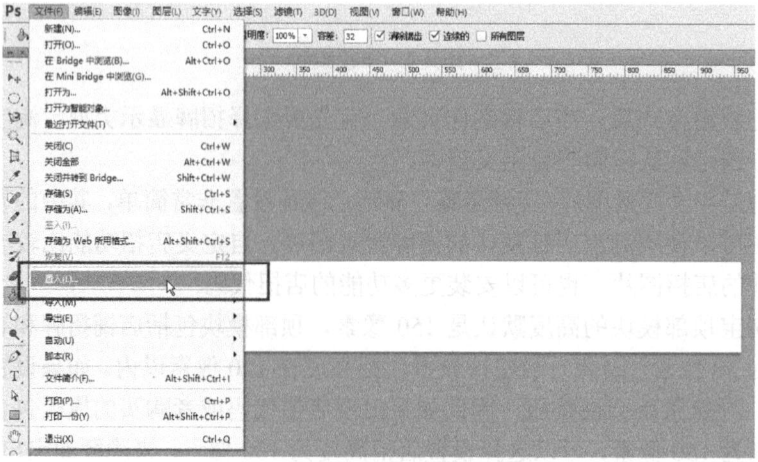

图 3-6　置入功能

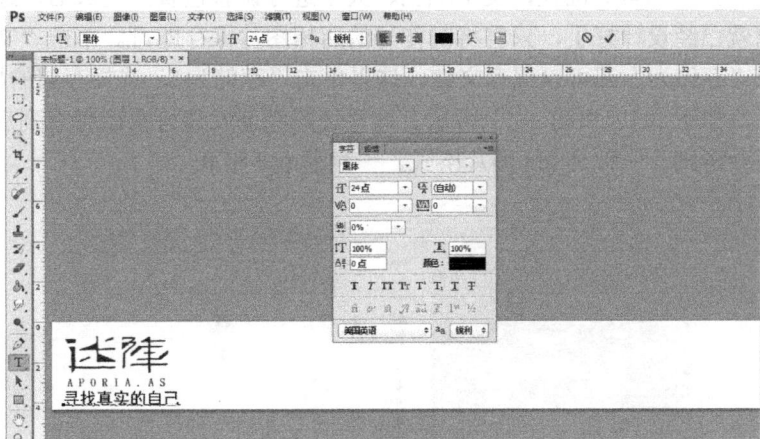

图 3-7　置入 Logo 图片

完成后，为了加深买家对店铺的印象，迷阵原创女装自营店接着在 Photoshop 软件工具栏中单击文字工具，在 Logo 的下方添加了店铺简介"寻找真实的自己"并对文字进行字体、颜色等设置，以此对品牌理念进行宣传，如图 3-8 和图 3-9 所示。

图 3-8　Photoshop 文字工具

图 3-9　店招添加标语

添加完店招标语后，还可以在店招上面添加"欢迎光临"、"收藏本店"等字样吸引客户。如图 3-10 和图 3-11 所示，迷阵原创女装自营店先在店招空白的右侧添加图标然后输入"设计师推荐搭配"和"收藏店铺"字样，这样不仅可以将店铺理念呈现给顾客，同时也能提高顾客对店铺的信任度。

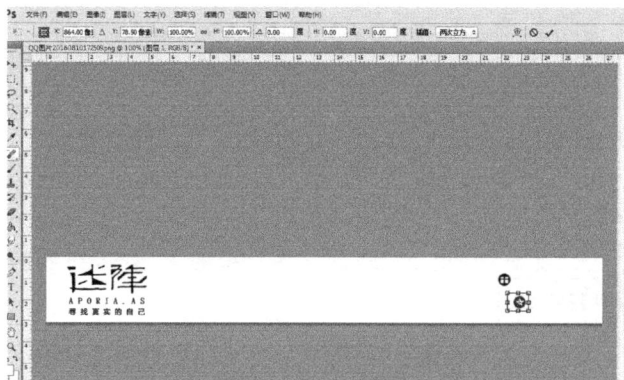

图 3-10　添加店招图标素材

图 3-11　添加"设计师推荐搭配"和"收藏本店"字样

最后，将店招上元素的位置，文字颜色、大小进行调整检查，完成后，迷阵原创女装自营店的店招就已经设计好了，只需将制作好的店招图片保存即可。单击"文件"菜单中的"存储"或"存储为"都可以保存文件，这里单击"存储为"，选择存储的格式及位置，单击保存即可，如图 3-12 和图 3-13 所示。这里迷阵原创女装自营店考虑到后面的店招优化，保存了两种格式，一种是 jpg 图片格式，一种是 psd 格式。

图 3-12　保存店招文件

图 3-13　普通店招效果图

（二）店招设置商品

在店招上设置商品能让买家第一时间掌握店铺产品的最新信息，也能促进店铺单品的流量，提升转化率。在店招上设置商品，需要在普通店招的基础上，有放置商品的留白，如图 3-14 所示，迷阵原创女装自营店先在 Photoshop 中打开店招 psd 文件。

图 3-14　打开店招

接着单击"文件→置入"，将需要放置的商品图片依次置入店招中，并调整好位置，如图 3-15 和图 3-16 所示。

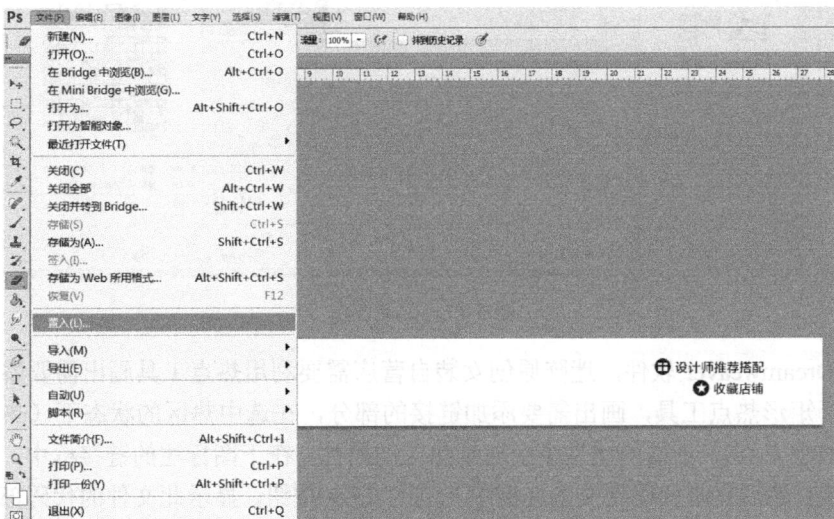

图 3-15　选择置入

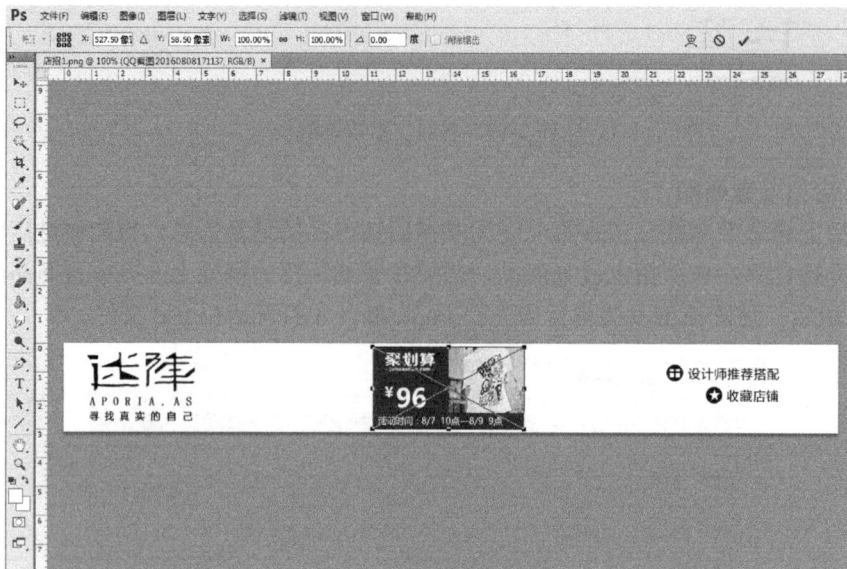

图 3-16　置入商品图片素材

完成后存储店招，选择"文件"→"储存为 Web 格式"，选区存储路径并对文件进行命名，选择格式的时候要选"HTML 和图像"格式，如图 3-17 所示。

图 3-17　存储图像

打开 Dreamweaver 软件，迷阵原创女装自营店需要利用热点工具画出需要添加链接的区域，选择矩形热点工具，画出需要添加链接的部分，在选中热区的状态下（热区周围有四个青色的小方点），下面的属性中会显示热区的属性，在下图标注的链接框中，填上对应宝贝的链接，然后复制代码到文本文档中。单击 代码 按钮，显示此文件的代码部分，复制 <body></body> 之间的代码到文本文档，如图 3-18～图 3-20 所示。

图 3-18　选择热点工具　　　　　　　　图 3-19　创建热点链接

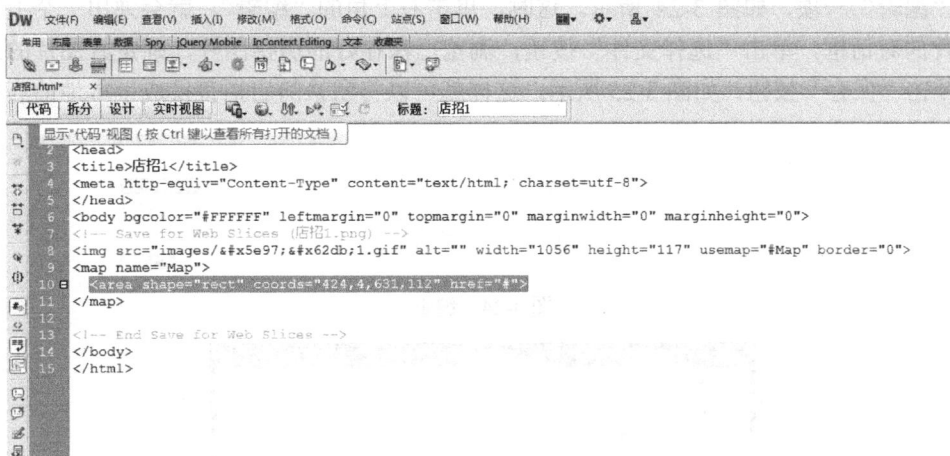

图 3-20　复制代码

完成热点链接后，最终效果如图 3-21 所示。

图 3-21　最终效果图

三、店招的上传

完成店招设计后，下一步就要考虑该如何把店招运用到自己的淘宝店上去。把设计好的图片有条理地整理到本地的文件夹中，并要注意选择店招的图片格式，一般默认为.jpg格式。登录淘宝网，在导航条处单击"卖家中心"项，跳转至卖家页面，如图 3-22 所示。

在卖家页面，可以看到左栏"店铺管理项"中的细分列表里有"店铺装修"一项，单击店铺装修，如图 3-23 所示。

图 3-22　卖家中心　　　　　　　　　图 3-23　店铺管理项

　　然后单击"店铺装修项"，跳转至店铺装修页面，在店铺装修页面可以看到在其右上角，会有"编辑"一项，如图 3-24 所示。这时，单击右上角的"编辑"，就会弹出一个上传店招图片的对话框，单击"选择文件"按钮，浏览已保存好的店招图片，确定好图片的选择后，单击"保存"按钮，如图 3-25 所示，这样就可以将默认的店招替换成了本地的店招图片了。

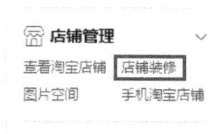

图 3-24　编辑

图 3-25　保存

　　最后单击页面右上角的"发布站点"，如图 3-26 所示，注意只有单击了"发布站点"后，才可以确保替换的店招最终成功地被运用到淘宝店中。

图 3-26　发布站点

☑ 任务二　海报设计

　　海报设计是一种视觉传达的表现形式，一张好的海报可以生动地传达店铺的产品信息和各类店铺活动情况，吸引受众买家关注。海报的组成元素一般包含背景、产品与文案几部分，在进行淘宝海报设计时要考虑到店铺风格和观众的心理并需要有充分的视觉冲击力，做到内容精练，以图为主，文案为辅，凸显主题。

一、海报设计的技巧

从设计的角度来说，点线面的灵活运用是店铺海报视觉营销的关键。不同的元素应用不仅是视觉美感的传达，同时也是海报设计针对不同的商品特色进行的营销点的抓取。

1. 点

点的元素在海报设计中主要存在意义是点缀活跃画面，烘托氛围以及丰富画面。在海报画面中常以绿叶、花瓣、玻璃、火花、几何色块、碎石等元素方式呈现，但在运用这些元素时，需要注意近实远虚，近大远小以及疏密的对比等呈现方式，如图 3-27 所示。

图 3-27　点元素的应用

2. 线

线元素在海报设计中的运用主要起到渲染画面，引导或分割画面，串联画面中元素的作用。使用线条做背景最常见的两种类型，分别为具有强视觉冲击效果的放射性线，与失衡但具有运动感、视觉活力十足的45°斜线，如图3-28所示，但这两种线在运用时需要注意线条的粗细和长短对比。

图3-28　线元素的两种类型

另外，在文案中配合色块可以起到分割画面信息的作用，能让文案更有条理，有时候也能起引导指向作用。就整个画面而言，文案也可以理解为线，比如汉字下面添加的英文小字，它们的存在可以很好地增加画面细腻感，如图3-29所示。

图3-29　文案中配合色块

3. 面

面一般是画面中的主角，即店铺商品。一些常见的店铺首页海报基本都是通过色块也就是"面"来设计画面的，需要注意的是面与面之间需要通过不同的排列来灵活对比，如

图 3-30 所示。另外运用几何色块元素来突出画面背景与产品层次也是海报设计不错的选择，如图 3-31 所示。

图 3-30　排列对比

图 3-31　几何运用

二、海报的设计与制作

在掌握了海报设计的技巧后，就可以开始着手海报设计与制作了。常见海报可分为两种，一种是尺寸为 1920 像素*500 像素/1920 像素*600 像素的全屏海报，另一种为 950 像素*自定义像素的海报。首先，在 Photoshop 中新建一个 950 像素*393 像素的图层，并置入图片背景调整图片大小，如图 3-32 所示。

图 3-32　置入素材背景

调整好图片后确定，选择矩形工具，在模特图的左侧置入撞色的丝绸图片，一方面用来增加画面的层次感，另一方面用丝绸图片来突出商品的材质，如图 3-33 所示。

图 3-33　绸缎素材调整

选择矩形工具，在丝绸图层上方错位画出矩形，填充蓝色并错位放置，选择蓝色是为了呼应商品的主色调，为撞色作过渡，如图 3-34 和图 3-35 所示。

图 3-34　选择矩形工具

图 3-35　填充矩形

接着选择文字工具，写入海报主题，为了突出海报主题，可对"NEWEST（最新的）"字样进行混合设置，选择文本，右击，选择"混合设置"→"颜色叠加"→"渐变叠加"塑造出丝绸的顺滑感，再一次呼应商品特点，如图 3-36 和图 3-37 所示。

图 3-36 文字工具

图 3-37 设置文字格式

设置完海报主题后，选择白色字体颜色缓和色彩间的搭配，依次输入剩下的海报文案，如图 3-38 所示。

图 3-38 输入文案

最后，将文案通过合理的排版增加视觉效果，即可完成海报设计，如图 3-39 所示。

图 3-39　最终海报效果

☑ 任务三　商品分类设计

商品分类的作用是从用户体验的角度出发的，更方便、快捷地让用户找到自己想要的商品。卖家除了可以选择在店铺装修过程中设计导航条二级页面内容外，也可以选择通过设计自定义分类栏目实现。

首先进入淘宝页面，单击"我是卖家"就会在出现的页面左栏"店铺管理项"中看到"店铺装修"一项，这时单击"店铺装修"项，在店铺装修页面选择左上角"模块"，在显示的模块内容中，单击"个性分类"如图 3-40 所示。

这时，可看见左侧宝贝分类栏，单击左侧宝贝分类栏右上角的"编辑"，如图 3-41 所示。

图 3-40　单击"个性分类"

图 3-41　单击"编辑"

进入左侧宝贝分类栏设置页面，在这个页面可以对宝贝进行分类的同时，也可以对分类的样式进行设置，单击"编辑"，如图 3-42 所示。

图 3-42　编辑分类样式

在编辑页面，选择上传的图片，图片上传的方式有两种，一种为内部图片地址，只需要将图片链接粘贴到地址框保存即可，另外一种是插入图片空间的图片。需要先将设计好的商品分类图片上传至图片空间，如图 3-43～图 3-45 所示。

图 3-43　图片上传方式

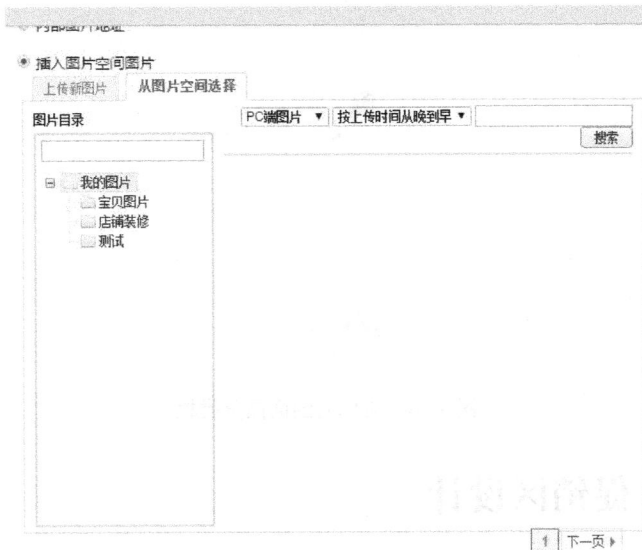

图 3-44　上传新图片

图 3-45　插入分类栏图片

完成分类栏设计的左侧宝贝分类栏目如图 3-46 所示。

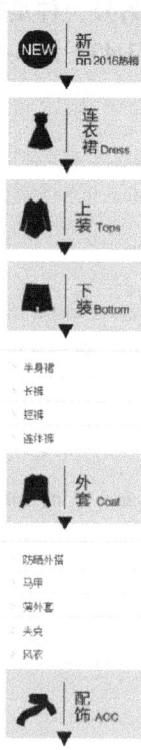

图 3-46　装修后的商品分类栏

☑ 任务四　促销区设计

促销区是企业文化展示中非常重要的展示区，可以根据自身经营活动的需要设计和组织页面内容。使用好促销区不仅能合理展示店铺商品，还能很好地促进店铺的商品销售。

一、促销区的认知

在进行促销区设计前，卖家对促销区进行全面的认知。店铺促销区主要用来展示店铺的热推商品，引起买家的关注。在这一区域的商品通常包含三大要素，精美度，热度以及优惠力度。首先商品呈现的尺寸相对显眼，无论是拍摄还是构图设计，都会力求将产品的精美度呈现出来。然后是产品的热度体现，比如说卖了多少件，某某杂志推荐等等被认同的相关信息，这类热度字眼能激发用户的从众心理，促使用户仔细地往下浏览。最后是优惠力度，用户需要直接的优惠信息刺激，网购的现状更是如此，比如特惠多少，打折等等。因此，在不同的要求下，促销区的内容设计大同小异，一般都包含以下的核心要素：

1. 特价

节假日、店庆等时间段，定时定量推出部分产品，作为特价产品销售，享受×折优惠。如图 3-47 所示，促销区内容包括活动名称、商品价格在活动前后的对比、商品名称、活动时间。主要凸显折后价的对比，引导用户潜意识将活动时间"周三"定为店铺特价力度最大时刻，进而促进店铺销量。

图 3-47　特价商品展示

2. 秒杀

不定期推出库存量大的产品，在规定时间段统一发布，享受低价优惠，通过秒杀页面促进密集购买。如图 3-48 所示，在整个页面中，主题周围表明活动的商品秒杀单价、折扣信息等，将秒杀的氛围渲染得十分到位。

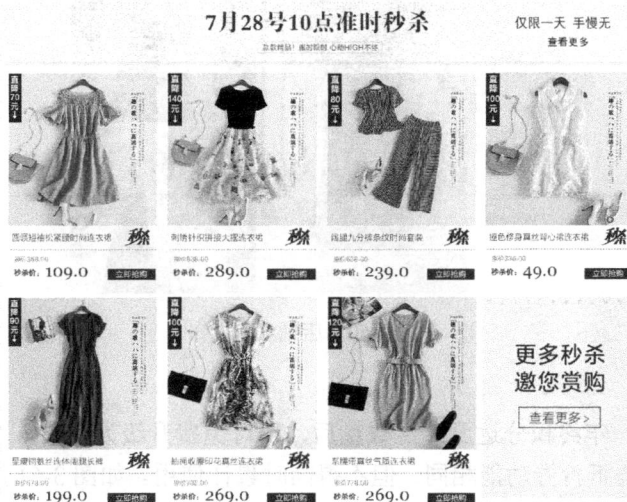

图 3-48　店铺秒杀

3. 包邮

在店内一次性购买商品总价超过×元或达到某单品数量，即可享受包邮服务。如图 3-49

所示，卖家通过购买两件单品即可享受包邮，以此来触动买家的消费欲望。

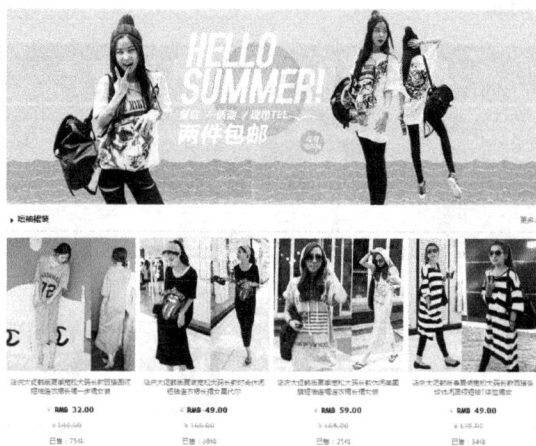

图 3-49　两件包邮

4. 红包与优惠券

红包内含商品包邮、优惠券、少量会员资格是促销区常见的内容之一，其中抵价券不抵现不找零。如图 3-50 所示，这是一家网店促销活动，内容主要为领取不同金额红包，促销内容主要以突出红包面值，并在金额下方标明购物满多少元使用，买家在领取后即可直接消费使用。

图 3-50　店铺红包

5. 会员积分

全年累计积分，年终积分达到一定数量后，即可免费升级为会员，享受会员待遇，或者用于抵价商品，与抵价券功能相同，但不得同时累计使用。如图 3-51 所示，从图片中可以看出本次活动为会员根据积分可以兑换不同金额的代金券，在图片的中心位置突出本次活动的主题为"积分超值换啦"，并在下方注明活动时间，在图片内写清了兑换代金券的各种规则。

不管是哪类促销主题与商品的组合呈现，促销区的展示都是为了进一步促进店铺的销售转化，因此，促销区的内容要以自身店铺的能力去酌情安排。

图 3-51　积分兑换

二、促销图设计与制作

相比直接的促销区引导，用促销图片作为过渡更能抓住买家对店铺的"求知欲"。活动促销区图片中应包括清晰的活动名称、商品名称、商品展示图片、活动规则等要素。首先，新建一个宽 548 像素，高 305 像素的图像，再打开模特展示图，使用裁剪工具截取展示图的重点部分，如图 3-52 和图 3-53 所示。

图 3-52　新建图层文件

图 3-53　裁剪图片

裁剪完成之后，将模特展示图拖入新建图层，如图 3-54 所示。

图 3-54　拖入图片

为了让画面看起来更有活力，在模特图的左上角开始画出一条斜线，设置斜线的颜色为黑色，粗细为 3 像素。然后选择橡皮擦工具，擦除斜线左侧的图像内容，并移动斜线空出适当留白，营造出不规则的画面感，如图 3-55～图 3-57 所示。

图 3-55　选择直线工具画出直线

图 3-56　选择橡皮擦工具擦除

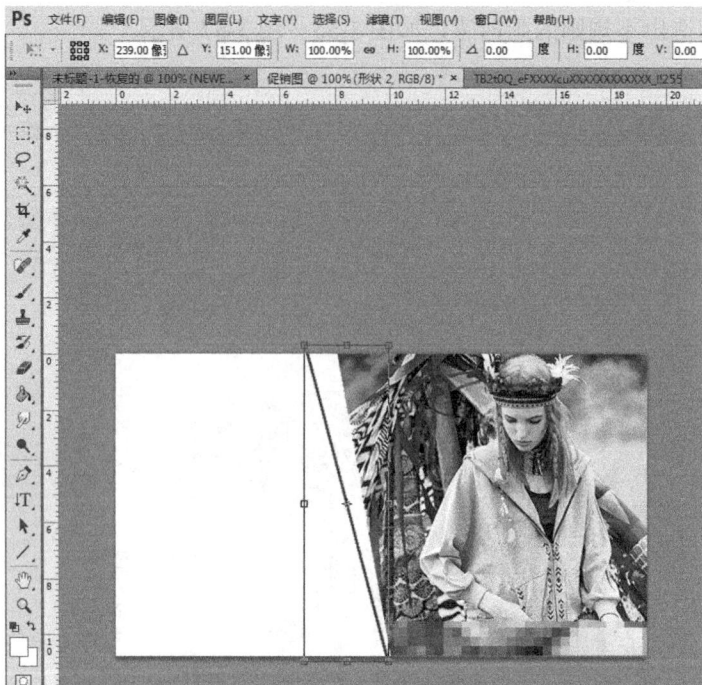

图 3-57　调整直线位置

　　之后选择文字工具将促销活动要素，如活动名称等，逐一添加到图层中，排版后设置相应的字体和颜色，并通过矩形工具画出矩形，并填充文案模拟按钮，引导买家点击跳转促销商品页面，如图 3-58～图 3-60 所示。

图 3-58　添加文字

图 3-59 选择矩形工具

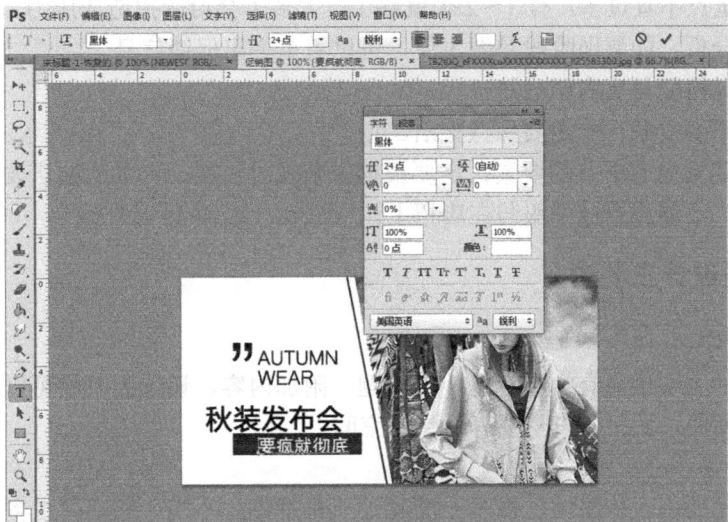

图 3-60 在矩形内输入文字

完成后，单击"保存"，活动促销图制作好了，如图 3-61 所示。

图 3-61 最终效果图

模块二 相关知识

一、店招设计技巧

（1）品牌 LOGO 和店铺名一定要出现在醒目的位置；

（2）添加品牌广告语，展现店铺的特点、风格、形象；

（3）制造视觉点，可以是促销信息、优惠信息等；

（4）放置关注或收藏店铺的入口。

二、店招设计时需要注意的问题

（1）店招一定要凸显品牌的特性，让客户很容易就清楚网店是卖什么的，包括风格，品牌文化等等。

（2）视觉重点不宜过多。有 1～2 个就够了，太多了会给店招造成压力。要根据店铺现阶段的情况来分析，如果现阶段是做大促，可以着重突出促销信息。

（3）整体风格要与店内产品统一。

（4）颜色不要复杂，一定要保持整洁。

（5）如果店招里有季节的要素，需要根据季节及时更换。比如女装店要注意随着季节变化及时调整，不要放置过季服装在店招上。

三、海报设计三要素

1. 三段文字

海报文案的主要信息有：主标题、副标题、附加内容，设计的时候可以分为三段，段间距要大于行间距，上下左右也要有适当的空间。

2. 三种字体

不是说一定要用三种字体，而是不能超过三种字体，不统一的字体过多容易造成视觉的混乱。因此，主标题可以用粗大的字体，副标题小一些。字体不要有过多的描边，或与主体风格不一致的字体。建议用方正兰亭系列的字体。

3. 30%的留白

大方高格调是设计基本要求，整洁的画面、恰当的留白可以让商品看起来更有格调，并让人从视觉上能更专注地接受海报上其他信息的引导。

四、海报字体排版设计

设计海报时一般注意海报的题材，根据题材确定风格。作为主标题的文字在排版的时候基本上是排在海报的上方，左右均可，字体要大，尽量使总面积的长度要超过上方的一半。可以尝试利用右上角的黄金分割点排版（$\frac{2}{3}$ 处），如果主标题字数较多，可以选择居中。

除了主标题外，如果海报中有分板块的话，就需要副标题，副标题的大小要小于主标题的 $\frac{1}{3}$。

在颜料的处理上，主标题应尽量运用些亮眼的颜色，或与整个海报的主颜色相对，这样会更突出主题。处理上也要更加细腻，可以选用一些视觉效果强的艺术字，或立体感较强的楷体字。而副标题反而只要端正到位即可，也可以选择添加一些技巧，但要注意不要喧宾夺主。

五、促销区图片设计的两大要点

设计促销区的图片，最重要的就是能够传递信息。传递的信息是以第一印象博取好感，让主图有一种吸引力，吸引顾客能够继续浏览下去。因此图片的整体设计效果会在很大程度上影响点击率。那么促销区图片在设计时要注意哪些事项呢？

1. 创意卖点

促销区图片诉求的卖点并不一定是促销内容，而是吸引顾客眼球的亮点，是商品的核心竞争力。这个促销区图片出现在顾客面前时，会马上刺激他们的眼球，进而刺激他们的冲动购物神经，让他们马上联想到这个商品最突出的优点，这样促销区图片的目的就达到了。

2. 促销信息

由于消费者喜欢做促销、有折扣的商品，所以在进行店铺促销时，将促销折扣信息设置到商品图片上，可以提高点击率。比如"限时抢购""最后 1 天"等促销文案让消费者有紧迫的错失感。但是促销信息应尽量简单，字体统一，字数尽量保持在 10 字以内，要做到简短、清晰、有力，避免促销信息混乱、喧宾夺主、字体比例失调等问题。

同步实训

一、实训概述

本实训项目要求学生在博星卓越职业院校运营技能竞赛平台软件根据自身的店铺类型实施网店装修管理。实训中要求学生根据教师提供的装修要求，收集相关素材并以小组形式进行讨论，依次完成店招设计、海报设计、商品分类设计、促销区设计以及自定义栏目设计。通过本项目的实训，要求学生掌握店铺装修管理的相关方法和技巧。

二、实训素材

（1）Photoshop 软件、Dreamweaver 软件、博星卓越职业院校运营技能竞赛平台软件。
（2）图片素材。

三、实训内容

任务一　店招设计

步骤 1：根据店铺定位，收集店招素材；

步骤 2：运用 Photoshop 软件进行店招设计与制作，分别完成普通店招与在店招上设置商品；

步骤 3：用 Dreamweaver 软件为店招上商品设置链接；

步骤 4：在博星卓越职业院校运营技能竞赛平台软件，将完成的店招发布至店铺。

任务二　海报设计

步骤 1：根据教师提供海报设计主题收集海报设计所需素材；

步骤 2：运用 Photoshop 软件进行海报设计与制作；

步骤 3：在博星卓越职业院校运营技能竞赛平台软件，将完成的海报发布至店铺。

任务三　商品分类设计

步骤 1：根据店铺风格收集商品分类栏设计所需素材；

步骤 2：运用 Photoshop 软件进行商品分类栏设计与制作；

步骤 3：在博星卓越职业院校运营技能竞赛平台软件，完成店铺的商品分类栏设计。

任务四　促销区设计

步骤 1：根据教师提供的促销活动主题搜集促销图制作的所需素材；

步骤 2：运用 Photoshop 软件进行促销图的设计与制作；

步骤 3：在博星卓越职业院校运营技能竞赛平台软件上，将制作完成的促销图片发布至店铺。

四、考核评价

各个小组可以通过本实训的展示，本人完成"自我评价"，本组组长完成"小组评价"内容，教师完成"教师评价"内容。

1. 评价表

评价项目	评价内容	评价标准	评价方式		
			自我评价	小组评价	教师评价
专业能力	任务一：店招设计（18分）	1. 掌握店招设计的步骤（3分） 2. 店招设计是否符合店铺定位（3分） 3. 店招设计的色彩选择是否符合店铺风格（3分） 4. 能够完成店招中商品链接设置（3分） 5. 明确店招上传的步骤（3分） 6. 能够完成店招的上传设置（3分）			
	任务二：海报设计（18分）	1. 是否能掌握点元素在海报设计中的应用方式（3分） 2. 是否能掌握线元素在海报设计中的应用方式（3分） 3. 是否能掌握面元素在海报设计中的应用方式（3分） 4. 海报设计的布局能体现商品特点（3分） 5. 海报色彩搭配是否突出店铺中心主题（3分） 6. 海报设计营销要点体现是否清晰明了（3分）			

续表

评价项目	评价内容	评价标准	评价方式		
			自我评价	小组评价	教师评价
专业能力	任务三：商品分类设计（18分）	1. 商品分类栏色彩搭配是否符合店铺定位（4分） 2. 商品分类栏的设计风格是否与店铺一致（4分） 3. 是否明确商品分类栏的设置步骤（4分） 4. 是否能完成商品分类栏的设置（6分）			
	任务四：促销区设计（18分）	1. 是否掌握促销区6大核心要素及特点（6分） 2. 促销图设计是否包含明确的促销主题信息（6分） 3. 促销图设计是否符合视觉营销要素（包含色彩搭配、文案排版等方面的应用）（6分）			
	任务五：自定义栏目设计（18分）	1. 是否能运用Dreamweaver完成图片排版（4分） 2. 是否能运用Photoshop完成图片切割（4分） 3. 是否能利用Dreamweaver对切片后的图片进行链接添加（5分） 4. 能够完成自定义栏图片切割代码装修（5分）			
职业素养		1. 责任意识（4分） 2. 学习态度（3分） 3. 团结合作（3分）			
总分					
综合得分	教师根据学生的实训表现进行综合打分，其中自我评价占20%，小组评价占30%，教师评价占50%。				

2. 教师根据各组实训进程及成果展示进行评价。

（1）找出各组的优点点评；

（2）展示过程中各组的缺点点评，提出改进方法；

（3）整个实训中出现的亮点和不足。

巩固与提高

一、单项选择题

1. 淘宝店铺实际设计店招时的最佳尺寸是（   ）。

   A. 950×120px   B. 950×150px   C. 900×120px   D. 900×150px

2. 促销信息应尽量简单，字体统一，字数尽量保持在（   ）字以内，要做到简短、清晰、有力，避免促销信息混乱、喧宾夺主、字体比例失调等问题。

   A. 20   B. 15   C. 10   D. 25

3. 促销区内容不包含（   ）。

   A. 特价   B. 包邮

C. 红包抵现找零   D. 秒杀

4. 店招的高度应该尽量控制在（　　　）以内。

    A. 120px   B. 130px   C. 150px   D. 160px

5. 不属于现有的自定义模块尺寸的是（　　　）。

    A. 950 尺寸   B. 190 尺寸   C. 750 尺寸   D. 160 尺寸

二、简答题

1. 网店店招的作用有哪些？

2. 促销区三大要素是什么？

三、论述题

1. 简述促销区的核心要素及特点。

2. 简述海报设计中常运用的技巧元素。

四、操作题

选择一个商品类别，进行整个网店装修的操作，包括店招设计、促销区设计、商品分类栏设计。

项目四

站内流量导入

卖家利用多种网店站内流量导入方式，提升网店的流量、人气和关注度，进而带动更多的订单成交。网店站内引流方式，一般分为站内免费流量导入和商业付费流量导入。

通过本项目的学习，可以掌握多种引流方式的策划步骤、实操方法以及分析优化的能力。

学习目标

知识目标

1. 了解常见的站内免费引流方式；
2. 了解常见的商业付费引流方式；
3. 熟悉淘宝免费的活动内容和参与方式。

技能目标

1. 掌握淘宝客推广的方法；
2. 掌握直通车推广的方法；
3. 掌握钻石展位推广的方法。

模块一 任务分解

利用站内免费引流的多种方式和以淘宝客、直通车、钻石展位为主的商业付费工具，紧抓淘宝站内流量，不断提升客户忠诚度，扩大品牌影响力，同时以淘宝直播、水印促销、淘宝头条等多种常见的方式为网店导入更多的流量。

☑ 任务一 站内免费流量导入

淘宝上大部分流量来自用户搜索关键词，为了能够获得更多的站内免费流量，卖家应该从多方面提升商品搜索排名，为网店商品带来更多的曝光率。

这里主要从三个方面阐述站内免费流量的导入，分别为商品标题、商品图片和营销活动。

一、商品标题

毛菇小象网店每周一发布新商品，每期新品发布后运营需要根据监测的数据进行商品标题的优化，提高商品搜索排名，为网店带来更多的免费流量。如图 4-1 所示，卖家利用生意参谋中的商品效果监测到该款连衣裙上架后流量数据不佳，需要对该款连衣裙标题——"毛菇小象 2016 女装新款无袖连衣裙宽松大码休闲百褶裙子"——进行优化。

图 4-1　商品效果

卖家根据生意参谋中的行业排行，查看与网店行业相关排行榜中的"热门搜索词"和"飙升搜索词"，如图 4-2 所示。以优化标题中的"连衣裙"关键词为例，卖家选择"连衣裙"该关键词后，点击右侧的"相关词分析"，进入到连衣裙相关搜索词的展示页面，如图 4-3 所示。该页面展示连衣裙相关搜索词的全网搜索热度变化、全网点击率、直通车出价等数据。卖家选择"最近 7 天"时间段，点击右上方的"下载"按钮，将连衣裙相关的搜索词数据以 Excel 表格的形式下载到桌面，如图 4-4 所示。

图 4-2　行业排行

图 4-3　行业相关搜索词

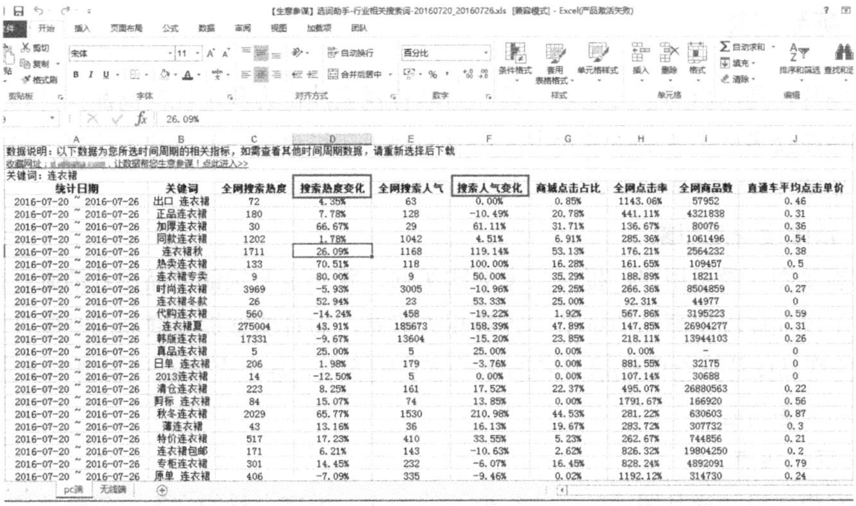

数据说明：以下数据为您所选时间周期的相关指标，如需查看其他时间周期数据，请重新选择后下载

关键词：连衣裙

统计日期	关键词	全网搜索热度	搜索热度变化	全网搜索人气	搜索人气变化	商城点击占比	全网点击率	全网商品数	直通车平均点击单价
2016-07-20 ~ 2016-07-26	出口 连衣裙	72	4.35%	63	0.00%	0.85%	1143.06%	57952	0.46
2016-07-20 ~ 2016-07-26	正品连衣裙	180	7.78%	128	-10.49%	20.78%	441.11%	4321838	0.31
2016-07-20 ~ 2016-07-26	加厚连衣裙	30	66.67%	29	61.11%	31.71%	136.67%	80076	0.36
2016-07-20 ~ 2016-07-26	同款连衣裙	1202	1.78%	1042	4.51%	6.91%	285.36%	1061496	0.54
2016-07-20 ~ 2016-07-26	连衣裙秋	1711	26.09%	1168	119.14%	53.13%	176.21%	2564232	0.38
2016-07-20 ~ 2016-07-26	热卖连衣裙	133	70.51%	118	100.00%	16.28%	161.65%	109457	0.5
2016-07-20 ~ 2016-07-26	连衣裙专卖	9	80.00%	9	50.00%	35.29%	188.89%	18211	0
2016-07-20 ~ 2016-07-26	时尚连衣裙	3969	-5.93%	3005	-10.96%	29.25%	266.36%	8504859	0.27
2016-07-20 ~ 2016-07-26	连衣裙冬款	26	52.94%	23	53.33%	25.00%	92.31%	44977	0
2016-07-20 ~ 2016-07-26	代购连衣裙	560	-14.24%	458	-19.22%	1.92%	567.86%	3195223	0.59
2016-07-20 ~ 2016-07-26	连衣裙夏	275004	43.91%	185673	158.39%	47.89%	147.85%	26904277	0.31
2016-07-20 ~ 2016-07-26	韩版连衣裙	17331	-9.67%	13604	-15.20%	23.85%	218.11%	13944103	0.26
2016-07-20 ~ 2016-07-26	真品连衣裙	5	25.00%	5	25.00%	0.00%	0.00%	-	0
2016-07-20 ~ 2016-07-26	日单 连衣裙	206	1.98%	179	-3.76%	0.00%	881.55%	32175	0
2016-07-20 ~ 2016-07-26	2013连衣裙	14	-12.50%	5	0.00%	0.00%	107.14%	30688	0
2016-07-20 ~ 2016-07-26	清仓连衣裙	223	8.25%	161	17.52%	22.37%	495.07%	26880563	0.22
2016-07-20 ~ 2016-07-26	剪标 连衣裙	84	15.07%	74	13.85%	0.00%	1791.67%	166920	0.56
2016-07-20 ~ 2016-07-26	秋冬连衣裙	2029	65.77%	1530	210.98%	44.53%	281.22%	630603	0.87
2016-07-20 ~ 2016-07-26	薄连衣裙	43	13.16%	36	16.13%	19.67%	283.72%	307732	0.3
2016-07-20 ~ 2016-07-26	特价连衣裙	517	17.23%	410	33.55%	5.23%	262.67%	744856	0.21
2016-07-20 ~ 2016-07-26	连衣裙包邮	171	6.21%	143	-10.63%	2.62%	826.32%	19804250	0.2
2016-07-20 ~ 2016-07-26	专柜连衣裙	301	14.45%	232	-6.07%	16.45%	828.24%	4892091	0.79
2016-07-20 ~ 2016-07-26	原单 连衣裙	406	-7.09%	335	-9.46%	0.02%	1192.12%	314730	0.24

图 4-4　搜索词数据表

卖家对该搜索词数据表格进行分析处理。优化标题时需要参考行业搜索热度和搜索人气上升的词，首先筛选出搜索热度变化和搜索人气变化大于 0 的关键词，然后将全网搜索人气降序排列，筛选出人气较高的 Top5-10 的关键词，结合全网点击率和直通车平均点击价格，筛选出点击率较高、竞争度小的关键词，最终确定优化后的关键词为“连衣裙夏”，如图 4-5 所示。

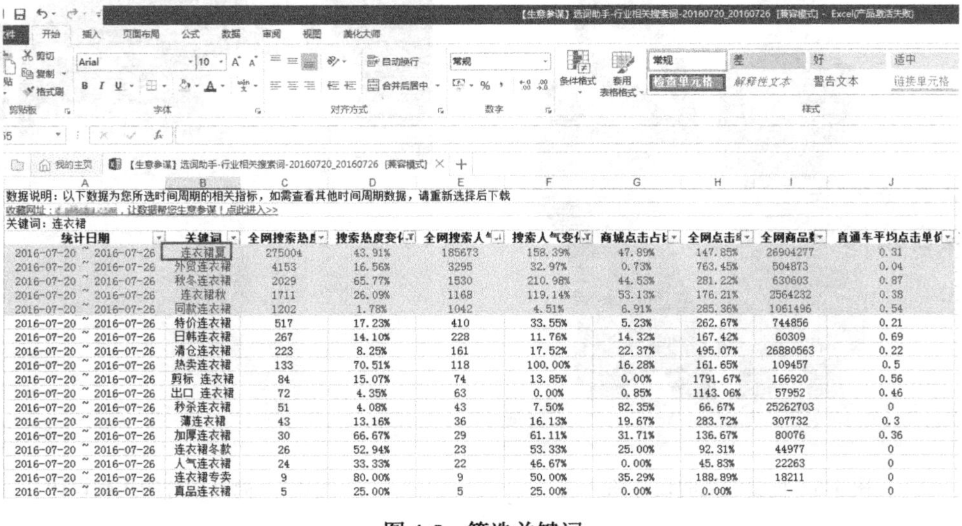

数据说明：以下数据为您所选时间周期的相关指标，如需查看其他时间周期数据，请重新选择后下载

关键词：连衣裙

统计日期	关键词	全网搜索热度	搜索热度变化	全网搜索人气	搜索人气变化	商城点击占比	全网点击率	全网商品数	直通车平均点击单价
2016-07-20 ~ 2016-07-26	连衣裙夏	275004	43.91%	185673	158.39%	47.89%	147.85%	26904277	0.31
2016-07-20 ~ 2016-07-26	外贸连衣裙	4153	16.56%	3295	32.97%	0.73%	763.45%	504873	0.04
2016-07-20 ~ 2016-07-26	秋冬连衣裙	2029	65.77%	1530	210.98%	44.53%	281.22%	630603	0.87
2016-07-20 ~ 2016-07-26	连衣裙秋	1711	26.09%	1168	119.14%	53.13%	176.21%	2564232	0.38
2016-07-20 ~ 2016-07-26	同款连衣裙	1202	1.78%	1042	4.51%	6.91%	285.36%	1061496	0.54
2016-07-20 ~ 2016-07-26	特价连衣裙	517	17.23%	410	33.55%	5.23%	262.67%	744856	0.21
2016-07-20 ~ 2016-07-26	日韩连衣裙	267	14.10%	228	11.76%	14.32%	167.42%	60309	0.69
2016-07-20 ~ 2016-07-26	清仓连衣裙	223	8.25%	161	17.52%	22.37%	495.07%	26880563	0.22
2016-07-20 ~ 2016-07-26	热卖连衣裙	133	70.51%	118	100.00%	16.28%	161.65%	109457	0.5
2016-07-20 ~ 2016-07-26	剪标 连衣裙	84	15.07%	74	13.85%	0.00%	1791.67%	166920	0.56
2016-07-20 ~ 2016-07-26	出口 连衣裙	72	4.35%	63	0.00%	0.85%	1143.06%	57952	0.46
2016-07-20 ~ 2016-07-26	秒杀连衣裙	51	4.08%	43	7.50%	82.35%	66.67%	25262703	0
2016-07-20 ~ 2016-07-26	薄连衣裙	43	13.16%	36	16.13%	19.67%	283.72%	307732	0.3
2016-07-20 ~ 2016-07-26	加厚连衣裙	30	66.67%	29	61.11%	31.71%	136.67%	80076	0.36
2016-07-20 ~ 2016-07-26	连衣裙冬款	26	52.94%	23	53.33%	25.00%	92.31%	44977	0
2016-07-20 ~ 2016-07-26	人气连衣裙	24	33.33%	22	46.67%	0.00%	45.83%	22263	0
2016-07-20 ~ 2016-07-26	连衣裙专卖	9	80.00%	9	50.00%	35.29%	188.89%	18211	0
2016-07-20 ~ 2016-07-26	真品连衣裙	5	25.00%	5	25.00%	0.00%	0.00%	-	0

图 4-5　筛选关键词

卖家根据同样的方法，分析优化标题中的其他关键词，最终确定优化后的标题为：“毛菇小象 2016 新款无袖连衣裙夏宽松大码女装休闲百褶中长款裙子”。卖家优化完成标题之后，继续监测相关数据，周期性地持续优化标题，使得商品的搜索权重逐步上升，为网店带来更多的免费流量。

如果卖家订购了生意参谋中的市场行情，可参考市场行情中的行业热词榜，这里的热搜及飙升榜关键词分化更细，便于关键词的分析优化。除了生意参谋之外，卖家也可以利用第三方的相关软件优化标题。

二、商品图片

商品图片，是网店的核心灵魂。设计出具有视觉冲击力和个性的商品图片，不但能让网店的商品在众多竞争者中脱颖而出，还能为网店获得更多的流量和关注度，也能提高点击率。商品图片设计时要注意以下几点：

（一）清晰度决定印象

卖家想要图片吸引用户，提高买家的购买欲，就一定要保证商品图片清晰。清晰的商品图片，不仅能体现出商品的细节和各种相关信息，而且能够提高商品的视觉冲击力。相反，朦胧的商品图片只会降低消费者的体验感和购买欲，甚至有可能让消费者认为是盗图，从而对商品失去信心。

（二）突出重点

有些网店在设计商品图片时，往往分不清主次，堆砌大量的文案，忽略要突出重点这一细节，这样容易造成视觉混乱。图 4-6 中，卖家应该是想展示商品的特点给买家看，但是这样的商品图片，却给买家营造了一种烦琐、不知所措的视觉冲击，画面主次不分明，不能很好地向买家阐述表达重点。图 4-7 的设计，以直观简洁的画面感为主，提炼主要的商品卖点展现给买家，这样的效果显然更具吸引力。

图 4-6　视觉混乱的设计图　　　　　　图 4-7　商品图片的正确设计

（三）合理的文案策划

单一的商品图片不足以加深买家对网店的关注度，图文结合才能留住买家的心。因此，为了突出商品优势和特点，在图片设计时可以加上合理的文案。进行文案策划时，可以结合商品本身的特点或网店的活动，但要注意不要把所有的字眼都强加在图片上，否则会造成图片混乱，缺乏美感，甚至是本末倒置。如图 4-8 所示，毛菇小象网店的活动海报突出活动主题，为图片添上"FUN 肆一夏要你好看"的大标题，再配以优惠券信息和调性文案，整体画面和谐整洁，让人眼前一亮。

图 4-8　商品图片成品图

优秀的主图视觉是吸引买家进入网店的重要影响因素之一，如果主图设计不到位，没有将商品本身的特征及卖点表述清楚，就很难为网店导入更多的免费搜索流量，所以商品图片的构图、卖点、创意是导流的关键。其次买家进入之后，有引导性的详情页是提高转化率的入口，可以树立顾客对网店的信任感，打破顾客的消费疑虑，促使顾客下单。通过详情页的商品属性、相关性、细节性展现卖家的专业度；通过关联营销充分利用进入网店后的流量，以关联优质商品打造网店基础爆款的方式，使更多的高销量商品综合排名更靠前，进而为网店导入更多的免费流量。

三、营销活动

除了基础的导流方式之外，还可以借助淘宝平台内的资源为网店导流。这里主要介绍淘宝平台免费活动和店内自建活动。

（一）淘宝平台免费活动

一般而言对于中小型网店，积极报名参与站内免费资源获取流量是十分必要的，站内免费资源有试用中心和天天特价等。卖家在报名参加试用中心时，可从以下五方面入手。

1. 打造爆款

试用中心的付邮试用模式，只要支付 10 元邮费就可以免费领取商品，如此大的诱惑力可以将一款新品成功地打造成网店爆款。

2. 关联营销

参与试用中心活动，通过设置相关的连带销售，带动其他商品的销量，从而完成从单品销量暴涨到网店销量暴涨的飞跃。

3. 客户资源

在"申请理由"页面中可以看到对该商品感兴趣的客户 ID，也就得到了宝贵的客户资源，从而可以规划活动结束后的二次营销。

4. 口碑营销

参与免费试用活动后，试用过的买家都会提交试用报告，让卖家不用再担心该商品的口碑，使用后的试用报告比任何的推广都更具有说服力。

5. 二次营销

试用中心活动完成后，针对申请试用的落选者，可以策划二次营销方案，从而抓住这部分优质客户，最终将他们培养成网店的忠实粉丝。

如图 4-9 所示，天天特价是专门为中小卖家服务的免费活动，只要关联销售提前策划好，就可以提升网店整体的转化率和商品销量。

图 4-9　天天特价

（二）店内自建活动

适当的自建活动可以帮网店保持良好的人气，增加买家黏性，同时也是获取流量的好方法。在策划活动时，必须明确活动目的，是以引流、提高销量为目的，还是想要曝光品牌、维护老客户等。不同的活动目的，策划和推进是不一样的。只有针对性地开展活动才能做到更准确有效，保证更强的吸引力、更低的门槛和更好的活动效果。

常见的促销方式有"满就送""加××送××""全场×折""买××送××"、积分换购、发折扣券等。在定制促销活动时，应以简单为主，最多不超过两个优惠方案。切忌太复杂的优惠方案，避免顾客看不明白，既增加客服的负担，又增加跳失率，最后得不偿失。

卖家可以在卖家中心的软件服务中定制软件，比如超级店长、欢乐逛等常用软件，方便卖家开展限时折扣、满送/包邮、限时限购等多种形式的促销活动。卖家也可以先免费试用 15 天或是直接订购网店营销中心的营销工具，如图 4-10 所示。

图 4-10　网店营销工具

卖家单击搭配套餐，进入活动编辑页面，需要填写套餐标题、搭配的商品、搭配后的价格等，一般搭配的商品价格差距不宜过大，尽量选取相关性大的商品进行搭配，如图 4-11 所示。

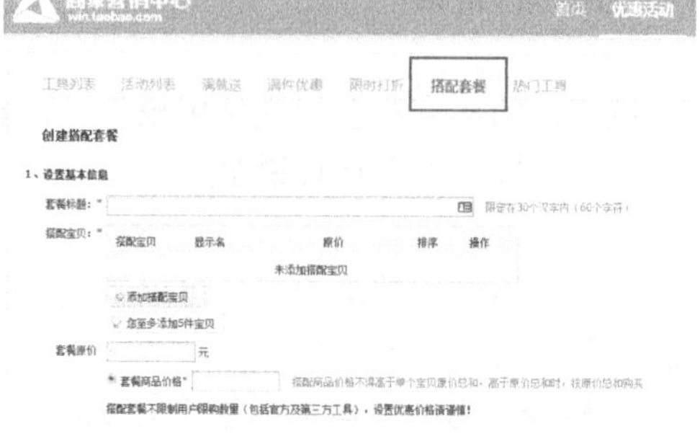

图 4-11　搭配套餐编辑页面

如图 4-12 所示，毛菇小象卖家将卡通 T 恤搭配互补的绣花背带裙，搭配后的套餐可以帮助买家节省 118 元，这样可以充分利用进入网店后的每个流量，让优质的商品获得更多的展现和成交机会。

图 4-12　搭配套餐展示

☑ 任务二　商业付费流量导入

除了做好站内免费导流外，也通过淘宝客、直通车以及钻石展位三大常用工具引入商业付费流量，为网店的商品带来大量的曝光率。

一、淘宝客

淘宝客是按成交量计费的推广模式。卖家在后台开通淘宝客并设置店铺或商品佣金，成功之后淘宝客能从阿里妈妈后台获取店铺或商品的推广链接，并发布在各个平台或者网站上，买家通过其推广链接产生购买并确认付款后，系统自动把卖家设置的佣金支付给助其推广的淘宝客，淘宝客在阿里妈妈后台自动领取佣金。

这种推广模式更精准、安全、风险低。开通淘宝客的卖家只需要招募和管理淘宝客，通过合理设置佣金比率和主推款，就能在保障有效控制成本的同时，使产品获得较高的曝光，从而为网店导入更多的流量，带来更高的收益。

开通淘宝客工具的网店，需要各方面均已成熟，比如商品是否具备了良好的基础销量和历史评价、商品的利润是否足够支撑高佣金的支付等。毛菇小象网店各方面条件均已具备，接下来需要了解开通淘宝客工具的条件和申请入口完成淘宝客的开通。

（一）开通淘宝客

首先卖家需要了解网店是否满足官方规定的准入规则，规则具体包括：

（1）卖家信用等级在一星以上或者参与了消费者保障计划；

（2）卖家网店动态评分各项分值不低于 4.5；

（3）网店状态正常且出售中的商品数大于等于 10 件。

满足以上条件，卖家就可以通过以下入口申请开通淘宝客推广工具。

入口一：

如图 4-13 所示，卖家从卖家中心—营销中心—我要推广进入到淘宝客申请的入口，签署一份《淘宝客推广软件商品使用许可》协议，勾选确认之后，填写支付宝代扣款协议，输入支付宝账户和支付密码，确认协议后即可参与推广。

图 4-13　淘宝客入口一

入口二：

　　卖家直接从阿里妈妈链接进入淘宝客，如图 4-14 所示。卖家登录账号后点击"进入我的淘宝客"（如果提示要补充邮箱、昵称及手机号，请根据提示补充），页面左侧单击账户－加入淘宝客，同意相关参加推广的协议，确认支付宝代扣款协议，输入支付宝账户和支付密码，确认协议后即可参与推广。

图 4-14　淘宝客入口二

（二）计算佣金比例

1. 根据店铺商品毛利计算佣金比例

　　在不调整佣金比例的情况下，淘宝客推广的花费始终是不变的。因此，设置合理的佣金比例是非常必要的。首先要计算出店铺中商品的毛利，确定店铺商品毛利之后，就可以有计划地给全店商品或者不同的单品设置合理的佣金比例。可以根据店铺及单品在不同的推广阶段有计划地设置亏损或者盈利，如表 4-1 所示。

表 4-1 根据商品毛利计算淘宝客佣金比例

毛利（元）	毛利比（%）	佣金比例
28	62.22	去除运费不高于 40%
31	39.24	去除运费不高于 30%
24	34.78	去除运费不高于 25%
49	71.01	去除运费不高于 60%

根据行业平均佣金比例计算佣金

只计算自身产品的佣金比例还不够，还要知道自身产品的佣金比例在行业中有没有优……若佣金比例明显高于行业的佣金比例，会极大地降低产品的利润；若佣金比例太低，……整个行业中就没有推广优势。因此，参考行业佣金比例就变得很必要。卖家可以从淘宝客（站长）后台搜索产品或行业的佣金比例。

商家也可以直接搜索与自身产品相关的关键词，来检索、挖掘与其相同类目的产品或者卖家，在"单品推广"中进行搜索。选择想要了解的类目，按照收入比率或 30 天推广量选择要参考的排序模式，发现推广较好的产品。可按照推广量排序，也可以按照佣金排序。

3. 根据行业竞争店铺分析佣金

进入淘宝客（站长）后台，通过店铺搜索竞争对手店铺，了解该店铺的淘宝客 30 天推广量、支出佣金的数额及推广曲线。在计划列表中查看店铺所有计划及每个计划的推广量。通过"查看计划"可以查看当前计划中包含的所有宝贝及宝贝的佣金比例。

通过各种排序方式，了解该计划下商品的佣金比例，在查看耽搁计划时看到的 30 天推广量及 30 天支出佣金全都为全部计划的总和，统计竞争对手排除隐藏计划外的各个计划数据，做好表格，留作参考。

（三）设置佣金比率

卖家首先需要将后台账户中网店的联系方式等信息填写完整，方便淘宝客了解与咨询相关信息。

接下来卖家需要设置各计划的类目佣金比率。比如设置通用计划，单击该计划右侧的"查看"，如图 4-15 所示。卖家进入到类目佣金的设置页面，不同的类目有不同的佣金比率设置范围，比如女装类目，官方要求的佣金范围为 5%~50%，如图 4-16 所示。一般将通用计划的类目佣金比率设置成要求范围的最低标准，这样设置是由通用计划的特性决定的。

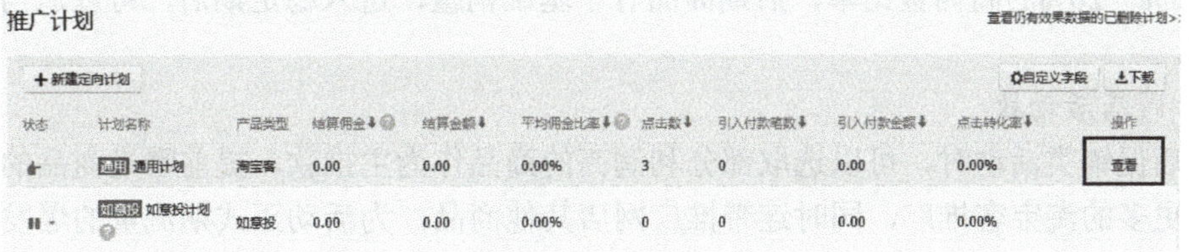

图 4-15 通用计划

卖家如果有重点推广的商品，可单独对该商品设置佣金比率（即主推商品）。淘宝客成功推广该商品后按单独设置的佣金比率计算佣金，没有单独设置佣金比率的商品按照类目佣金计算。卖家选择要新增主推款的计划，单击该计划右侧的"查看"，进入计划设置页面，单击"新增主推商品"，选择需要主推的商品并设置好佣金比率，如图 4-17 所示。

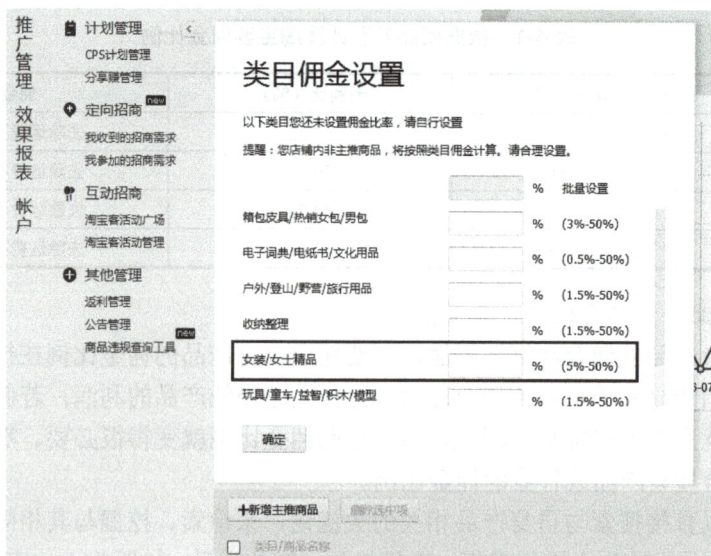

图 4-16　类目佣金设置页面

图 4-17　新增主推款

为了吸引和刺激更多的淘宝客推广网店商品,卖家可以从以下几个方面选择主推商品。

1. 网店热卖款

根据网店情况,选择 5~10 款热卖商品,作为主推款,吸引更多的淘宝客加入网店的推广计划。

2. 网店上新款

网店上新活动时,选择人气较高的新品,作为主推款。比如女装类目,卖家前期可以设置 15%~20%的高佣金比率,后期商品有了基础销量,进入稳定期后,可以适当降低佣金比率。

3. 网店活动款

网店促销类活动时,可以选取部分利润高的商品作为主推款,提前曝光商品的佣金比率,让更多的淘宝客推广,同时连带推广网店其他商品,为活动正式期流量的爆发做准备工作。

(四)新建计划

除了官方给定的计划,卖家也可以结合网店活动、营销目的、商品结构、推广资源位等新建定向计划,方便管理和后续的数据监测与分析。

卖家单击后台首页的"新建定向计划",进入到计划信息的编辑页面,如图 4-18 所示。

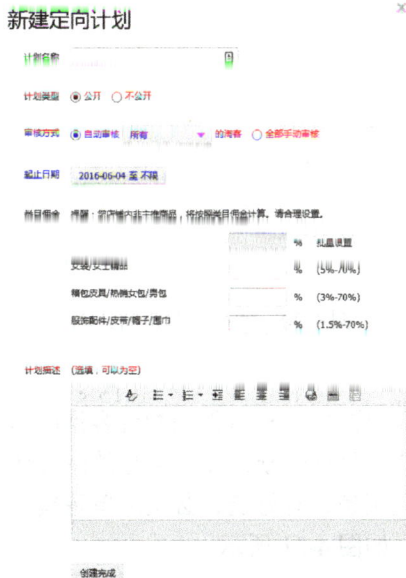

图 4-18　新建定向计划

计划中需要填写的信息包括以下几项：

（1）计划名称：名称的设置要明确告诉淘宝客佣金比率与申请标准，比如红蜻蜓 VIP 10%计划（申请留下联系方式，方便奖励通知）。

（2）计划类型：一般选择公开类型，方便所有淘宝客申请。如果卖家和指定淘宝客合作，需要隐藏该计划，可以选择非公开类型。

（3）审核方式：一般选择全部手动审核，方便筛选优质的淘宝客。

（4）起止日期：一般设置为该计划推广开始时间到永久或是到指定的结束时间。

（5）类目佣金：根据不同计划的目的设置。

（6）计划描述：包含网店介绍、历史推广数据、奖励机制、卖家联系方式等。

卖家新建定向计划前可以通过淘宝客后台进入到淘宝联盟，参考同行网店的计划设置，如图 4-19、图 4-20 所示。

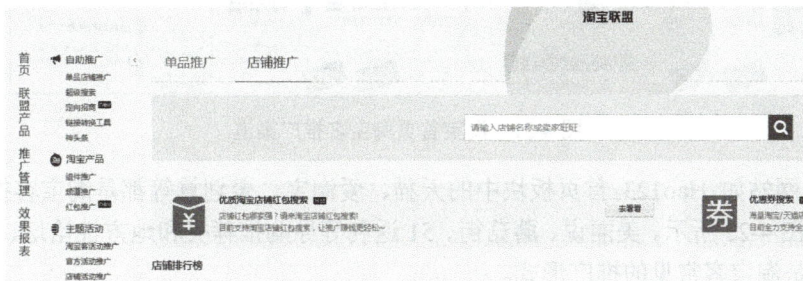

图 4-19　淘宝联盟的网店推广

如图 4-20 所示，女装 Top 网店韩都衣舍旗舰店的定向计划共有 5 个，平均佣金比率从 8.04%～20.10%呈阶梯分布。此外，计划标题中"天猫销量第一女装"说明网店实力，吸引更多的淘宝客参与网店推广。

计划名称	类型	是否审核	平均佣金比率
通用计划	通用	否	5.04 %
咖中之王—天猫销量第一女装_韩都衣舍旗舰店超级高佣金计划	定向	是	15.04 %
超级大咖—天猫销量第一女装_韩都衣舍旗舰店超级高佣金计划	定向	是	10.04 %
留QQ推广方式免审秒过月推广30笔以下者踢出	定向	是	8.04 %
超级强咖—天猫销量第一女装_韩都衣舍旗舰店超级高佣金计划	定向	是	13.04 %
20%高佣金计划	定向	是	20.10 %

图 4-20　韩都衣舍定向计划

（五）招募淘宝客

卖家招募淘宝客之前，需要简单了解常见的淘宝客推广形式。淘宝客拥有不同的网上推广渠道和适合自己推广方式的目标受众。比如常见的淘宝达人推广形式就属于淘宝客的一种，他们在淘宝首页如淘宝头条、有好货、必买清单等模块分享自己的购物经验给其他顾客，推广成功后获取佣金，如图 4-21 所示。

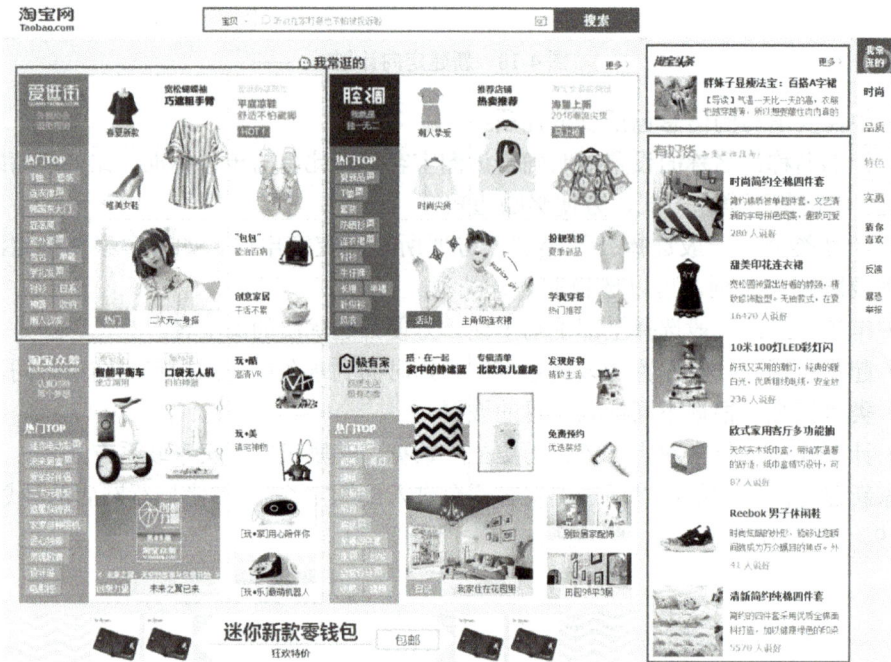

图 4-21　淘宝首页淘宝客推广渠道

导航类网站如 Hao123 首页板块中的天猫、爱淘宝、聚划算等都是淘宝客推广形式中的一种，如图 4-22 所示。美丽说、蘑菇街、51 返利等导购推荐类和地方性论坛、导购论坛、QQ 群等也是淘宝客常见的推广形式。

淘宝客推广形式众多，很难直观地从文字、图片上判断。因此，卖家需要借助其他方法，比如根据商品链接判断。图 4-23 所示是淘宝首页"有好货"板块中毛菇小象网店的一款商品，可以看到链接中"trackid"后面是数字 2，这是系统识别该商品的流量来源代码，表示该资源位是淘宝客推广形式。

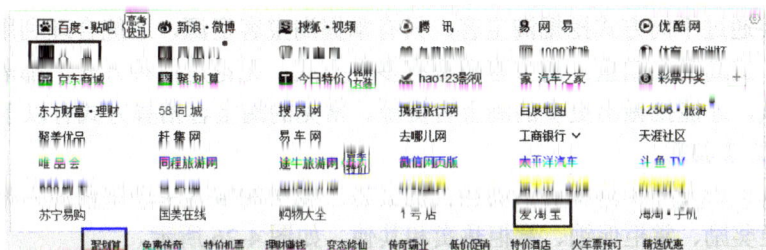

图 4-22　Hao123 导航首页

图 4-23　"有好货"商品页面

此外卖家如果想了解该商品具体的佣金设置、推广量等，可以直接访问淘宝联盟链接，登录账号后，选择联盟商品中的单品推广，复制商品链接进行搜索，查看对应的推广数据，如图 4-24 和图 4-25 所示。

图 4-24　淘宝联盟首页

图 4-25　商品推广数据

卖家需要通过不同方式挖掘淘宝客，只有掌握淘宝客资源，才能合理利用这些资源扩大品牌效应，提高商品销量。淘宝客招募有多种方式，无论是何种方式，都需要卖家主动联系，多尝试，才能挖掘出更多的淘宝客资源。常见的淘宝客招募方式有以下几种。

1. 后台公告招募

在淘宝客后台发布招募或者活动相关的公告，吸引淘宝客主动申请加入推广。公告类型包含：掌柜奖励、掌柜促销、掌柜热卖和其他，如图 4-26 所示。

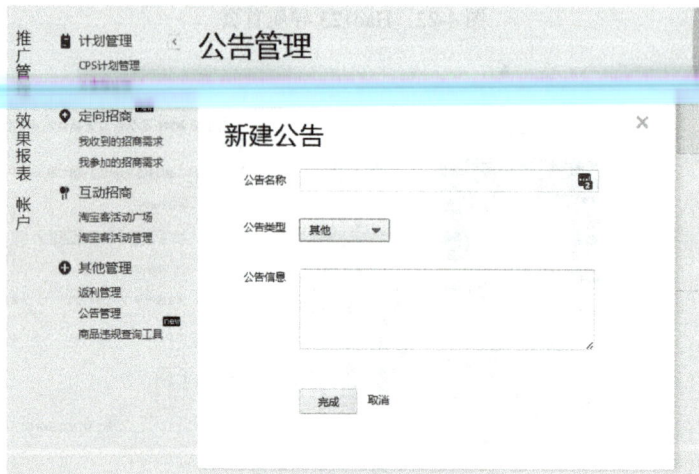

图 4-26　公告管理

公告的标题要有吸引性，比如"全店佣金高达 40%""年中促主推款 50%佣金"等，标题可以适当夸张，但不能脱离实际，一定要把最好的亮点展现出来。公告信息一般包含：网店名称、网店链接、网店活动信息、活动素材下载链接、联系方式等。

2. 阿里妈妈社区招募

卖家进入阿里妈妈社区"找淘宝客"板块进行淘宝客招募，如图 4-27 所示。

图 4-27　阿里妈妈社区

3. 其他论坛招募

卖家除了在官方社区进行招募外，还可以去一些淘宝客常聚集的网站，如嗨推网、A5网、站长之家等。

毛菇小象网店基本成熟，每天都有相对稳定的淘宝客引入流量和淘宝客申请数量，所以店里重点放在后期的淘宝客维护上，把淘宝客作为日常工作重点，以一个智能穿戴设备网店发布的淘宝客招募帖为例，如图4-28所示。帖子中包含网店名称、网店地址、主营业务，推广链接、联系方式和数据呈现等，并将重要信息标红。卖家可以多学习论坛中的置顶、加精华的帖子内容。

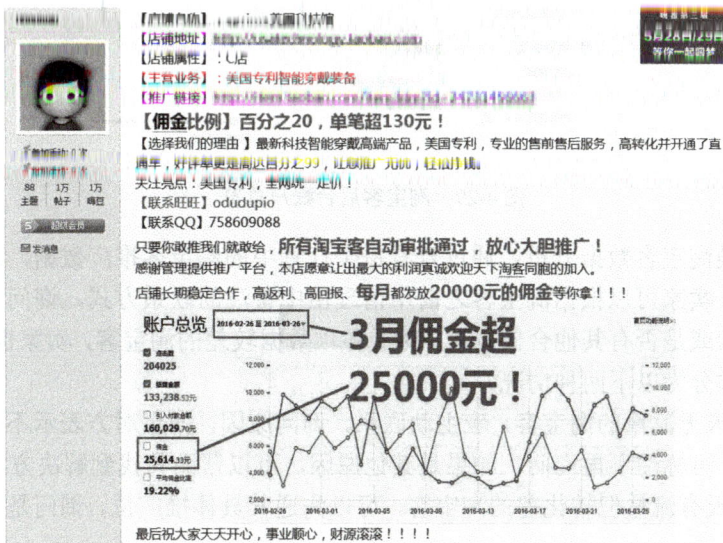

图4-28　实例招募帖

招募帖中一般需要包括以下信息点：

（1）标题：写标题时尽量简单化，可以带上一些号召性的词语。

（2）网店信息：包含网店名称和网店链接。

（3）佣金信息：具体的佣金比率和申请网店推广的链接。

（4）素材下载地址：网店活动时不同尺寸的素材下载地址。

（5）联系方式、注意事项：注明卖家联系方式并要求淘宝客在申请理由中备注推广方式和联系信息，便于后续的审核管理。

（6）网店数据：展示网店的销售数据和转化率等情况，利用各项数据吸引淘宝客推广。

卖家完成招募之后需要对申请的淘宝客进行审核，进入后台计划，点击"淘宝客管理"可以查看每个淘宝客的具体推广情况和审核新申请的淘宝客。

（六）数据分析与优化

卖家可以从两方面进行数据分析。一方面是账户总览数据分析，后台查看不同时间段账户整体的点击数、结算金额、引入付款金额、支出的佣金和佣金比率，如图4-29所示。根据公司对淘宝客工具的定位，通过合理控制佣金比率达到控制网店整体利润的目的。同时由于后台只提供过去30天内的数据，所以卖家需要每天采集账户总览的数据，以便于后期对比、分析。比如卖家在做双十一活动总结时，需要对比去年同期双十一的数据效果，分析流量、佣金比率等上升或下降的原因，得出流量下降是因为通知淘宝客的力度不够，还是主推款的吸引力不够或是其他，流量上升是因为今年发起淘宝客的奖励活动，或是其他原因，通过对比、分析，总结经验和找出不足，便于下次活动更好地开展。

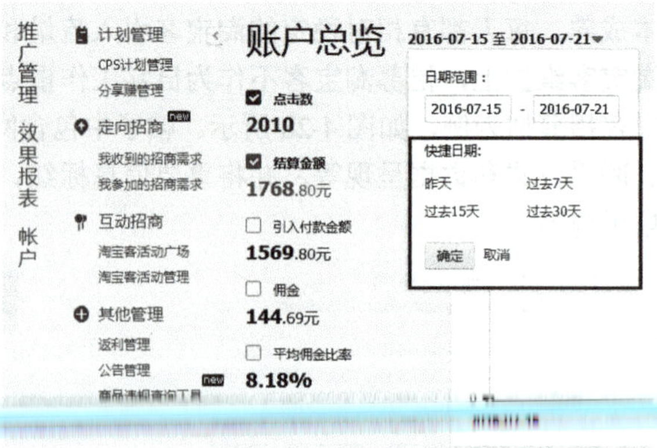

图 4-29　淘宝客后台账户总览

另一方面是淘宝客数据分析，通过查看每个计划中的淘宝客推广数据，对于各项数据较好的淘宝客，卖家可以根据淘宝客之前申请理由中备注的联系方式，询问对方是否可以重点推自己网店或是否有其他合作方式。对于各项数据较差的淘宝客，卖家也应及时联系，询问原因，具体分为以下两种情况。

（1）近 30 天无流量的淘宝客，应主动联系，询问原因，如果对方表示不再做该类目或是不做淘宝客，可标注不再询问。如果是其他原因，可以帮助其找到解决方法。

（2）近 30 天有流量但转化差的淘宝客，可以沟通其具体推广位，询问是否需要素材或是其他的要求。

其实对于淘宝客的数据分析和优化，就是需要卖家不断地维护已有的淘宝客资源和争取潜在的淘宝客，让他们重点推自己家的商品，给网店更好的资源位，以获取更多的流量，只有双方互动、友好的合作，才能满足共同的利益。

二、直通车

直通车是按点击量付费的效果营销工具，给商品带来曝光量的同时，精准的搜索匹配也给商品带来精准的潜在买家。通过一个点击，让买家进入网店，产生一次甚至多次的网店内跳转流量，这种以点带面的关联效应可以降低整体推广的成本和提高整店的关联营销效果。

买家在淘宝网通过输入关键词搜索商品，或按照商品分类进行搜索时，如果点击直通车推广位的商品，系统会根据该商品所设定的关键词或是类目的出价进行扣费。

（一）淘宝直通车的推广位

1. PC 端

第一页 "1+12+3+5"；第二页开始 "3+12+3+5"。

以搜索"连衣裙"为例，第一页的推广位 1 代表第一页左边第一个的"掌柜热卖"，"12"代表右侧从上到下的"掌柜热卖"12 个直通车推广位置，"3"代表右侧下方的 3 个"网店精选"，如图 4-30 和图 4-31 所示。"5"代表页面最底端的 5 个"掌柜热卖"直通车位置，如图 4-32 所示。从第二页开始都是"3+12+3+5"。"3"指第二页开始的左边前三个的"掌柜热卖"，其余都不变。

图4-30 首页直通车推广位置1

图4-31 直通车推广位置2

图4-32 直通车推广位置3

2. 移动端

移动端带有 Hot 标志 1(5)1(5)1(10)1(10)…，如图4-33 所示。

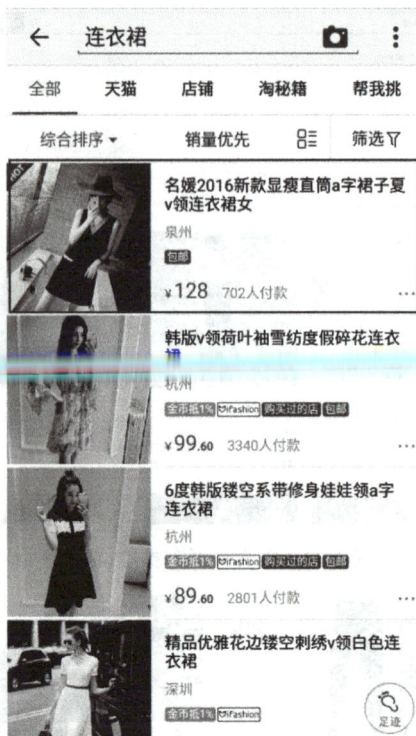

图 4-33　移动端直通车资源位

以搜索连衣裙为例，移动端第一个带有"Hot"标志的是直通车推广位，中间隔 5 个位置之后又是带有"Hot"标志的直通车推广位，从第三个直通车推广位开始，之后都是隔 10 个才有一个推广位。

除此之外，还有买家的旺旺"每日焦点""已买到的商品"底部的推广位、一些各频道的"热卖单品"和站外其他的多种直通车推广展现资源位等。那么如何判断哪些是直通车的推广位，可以用前面讲到的淘宝客链接识别办法来判断，流量来源是淘宝客推广时链接中"trackid"后面是"2"，直通车是"1"。

直通车能给网店中的商品以及整个网店带来更多流量，提高商品和网店的曝光率，主要体现在以下几个方面：

（1）在直通车中推广商品，当买家搜索与此商品相关的关键词时就有机会被展现，大大提高了商品的曝光率，给卖家带来更多的潜在顾客。

（2）只有想购买此商品的顾客才会看到相应的商品，给卖家带来的点击都是有购买意向的点击，带来的顾客都是购买意向明确的买家。

（3）直通车能给整个网店导流，虽然推广的是单个商品，但很多买家进入网店后，一个点击带来的是一个甚至多个的网店内跳转流量，这种连锁反应，是直通车最大的优势。

（4）可以参加更多的淘宝促销活动，有不定期的直通车用户专享活动及淘宝单品促销活动。

卖家开通直通车前需要注意以下事项：①是否对工具有足够的了解；②商品价格是否有竞争优势；③图片是否有吸引力；④商品是否有基础销量。

（二）开通直通车

毛燕小象网店各方面条件均已具备，接下来需要了解开通直通车的条件和申请入口完成直通车的开通。

1. 开通直通车

准入规则：

（1）淘宝卖家满足信用等级≥两颗星、网店动态评分各项≥4.4分；

（2）淘宝卖家主营商品所属类目需要先加入"消保"并缴纳保证金；

（3）天猫卖家需要满足网店动态评分各项≥4.4分。

只有满足以上条件，卖家才可以申请开通直通车。

入口一：

如图4-34所示，卖家从卖家中心—营销中心—我要推广进入直通车申请的入口，签署一份直通车软件服务协议，勾选"接受协议"。卖家首次开通直通车需要充值500元作为预存款，之后每次最低200元起充值。

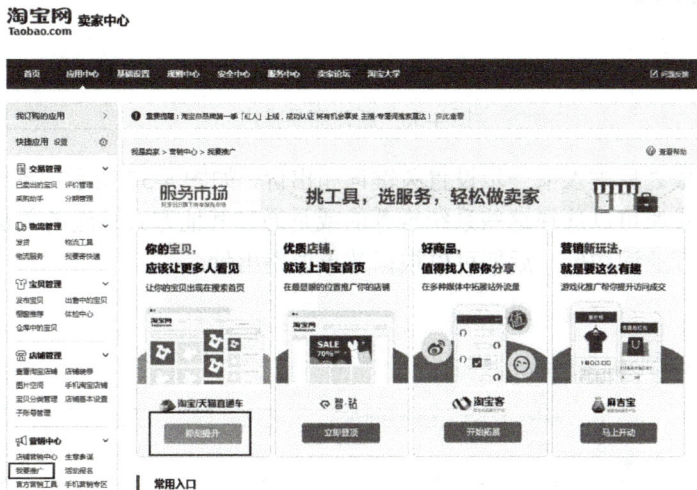

图4-34　直通车入口一

入口二：

如图4-35所示，卖家从直通车链接进入，按照相关提示完成开通。

图4-35　直通车入口二

2. 计划管理

商品推广是淘宝直通车最基础的一种推广方式。卖家在直通车首页新建或是选择已有的计划进入，单击"我要推广商品"按钮，选择需要推广的商品，进入下一步添加创意，如图 4-36 所示。添加创意页面包括设置创意图片和标题，标题设置时要突出商品的功能、特性、优势、品牌等。

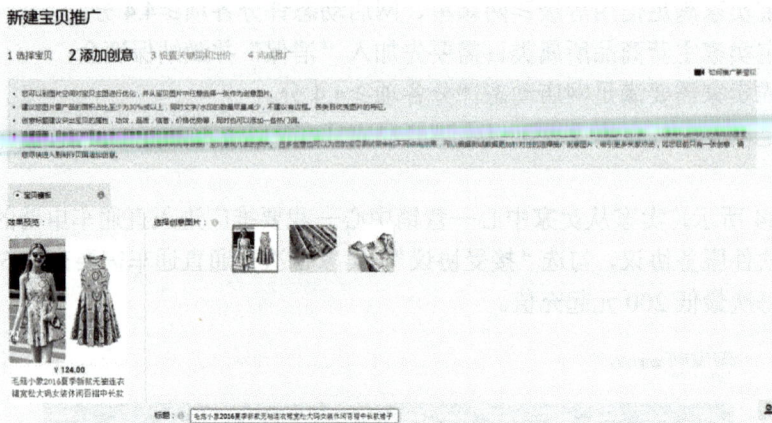

图 4-36　新建商品推广

创意设置完成之后进入下一步设置关键词和出价，如图 4-37 所示。系统根据商品匹配相关的关键词，卖家可以选择这些系统推荐的或是通过其他方式筛选的关键词。出价一般参照默认的类目行业词均价，后期可以根据效果调整出价。

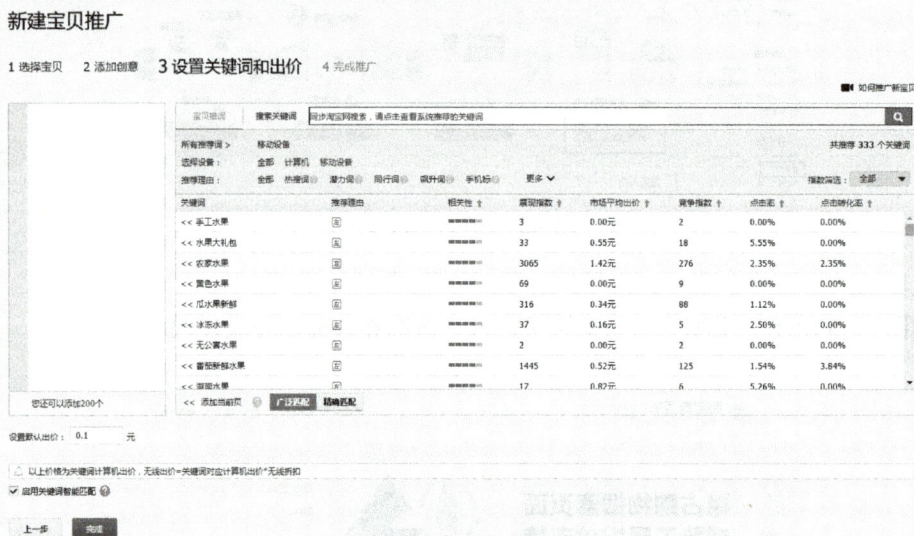

图 4-37　设置关键词和出价

网店推广计划可以对网店页面进行推广，设置与推广页面相关的关键词和出价，实现品牌的打造和流量拓展功能。

3. 关键词管理

添加关键词后，卖家需要为关键词选择匹配方式。当买家在搜索时，他们输入的词与关键词之间的匹配程度，决定了推广的商品是否有机会得到展现。目前关键词的匹配方式有精确匹配和广泛匹配两种，选择一种合适的匹配方式，可以为网店获取更优质的流量，扩展潜在买家。

精确匹配：买家搜索词与所设关键词完全相同（或是同义词）时，推广商品才有机会展现。

广泛匹配：当买家搜索词包含了所设关键词或与其相关时，推广商品就有机会展现。

卖家通过推广某个商品的页面，可以修改单个或是多个关键词的匹配方式。根据自身网店情况选择合适的匹配方式，精准匹配可以获取精准的流量，降低推广成本，当网店有活动需要更多的流量时，可以选择广泛匹配。

卖家一般可以通过以下几种方式选择关键词。

（1）淘宝首页系统推荐

如图 4-38 所示，这里反映的是淘宝网现在主要推的类目和关键词，可以帮助大卖家把握市场风向。

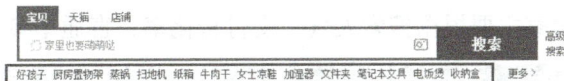

图 4-38　淘宝网首页搜索框

（2）淘宝 Top 排行榜

如图 4-39 所示，这里反映的是市场趋势，可以看到市场上搜索热门排行、销售上升榜等，帮助卖家了解某个行业的市场方向，捕捉竞争相对较低的搜索上升词。

图 4-39　淘宝 Top 排行榜

（3）淘宝搜索下拉框词

比如卖家搜索"连衣裙"时，下拉框会有一些淘宝系统推荐的词，这些词搜索流量很大，属于标题中必备的关键词，如图 4-40 所示。同时卖家可以根据系统不同推荐词所对应的商品，了解市场上正在热卖的商品，对于卖家店内搭配套餐也是一个重要的参考。

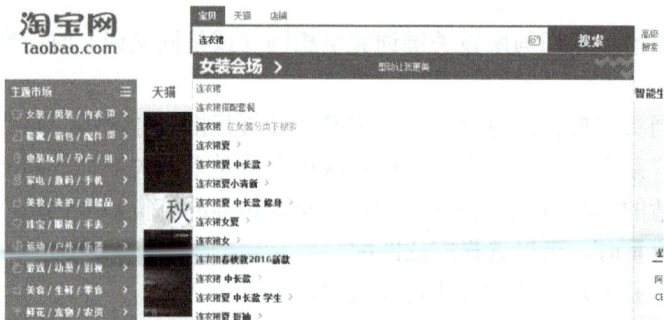

图 4-40　淘宝搜索下拉框

（4）生意参谋的行业排行

生意参谋中的"行业排行"，根据网店所属行业进行网店、商品、搜索词全方位的分析，如图 4-41 所示。卖家主要根据搜索人气、支付转化率、直通车参考价选取关键词。

图 4-41　生意参谋中的行业分析

（5）直通车系统推荐词

卖家在设置商品推广时，系统会根据商品自动匹配一些关键词提供给卖家。

（6）人气商品

卖家可以参考其他商家 Top 商品的标题，选择热门的关键词添加到商品推广中。

4. 选款管理

直通车推广时，不是所有的商品都适合推广，精选优质商品，才能最大程度地发挥有限的人力及推广预算，为网店导入更多的流量。卖家选款可以参考以下两种方法。

（1）生意参谋

如图 4-42 所示，卖家进入生意参谋后台，单击"经营分析"—"商品分析"—"商品效果"，该页面统计商品的访客数、浏览量、下单件数、加购件数、平均停留时长、支付金额等数据。卖家可选择最近 7 天或是 30 天的数据下载，筛选出 Top30~50、转化率高的商品进行直通车推广。

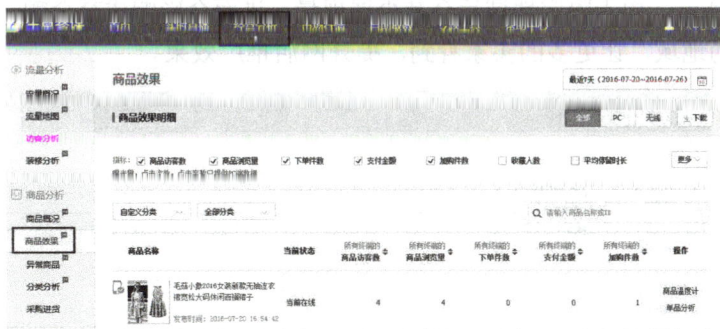

图 4-42　生意参谋选款

（2）直通车报表

通过直通车报表获取最近 7 天、15 天或是 30 天的数据，选取转化率和投入产出比高的商品进行网店商品的推广。

5. 投放设置

（1）投放时间

淘宝卖家可以自主设置投放时间，只在想投放的时间段进行投放，也可以针对各个时段设置不同的折扣出价，投放时段分为网络视图和列表视图两种形式。卖家可以根据网店经营的类目，选择行业模板进行参考，如图 4-43 所示。卖家也可以根据网店的营销效果、促销活动等选择设置其他投放时间，将常用的投放时段模板设置为自定义模板。

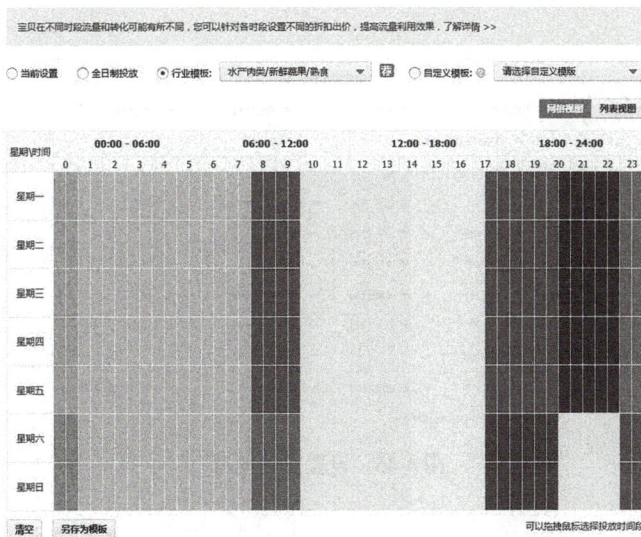

图 4-43　投放时间设置

卖家通过新建计划或是在已有的计划中设置投放时间,更好地把控直通车流量和花费。

（2）投放地域

卖家结合网店商品特性和推广策略,通过设置地域投放,将商品投放在特定的省市地区。

卖家根据生意参谋中的访客地域分析,获取最近 7 天或是 30 天数据的 Top 地域进行投放,如图 4-44 所示。由于限定地域后会减少展现量,进而会影响成交金额,所以设置时要尽可能选择多的地域,让更多的买家看到,提升网店推广效果。

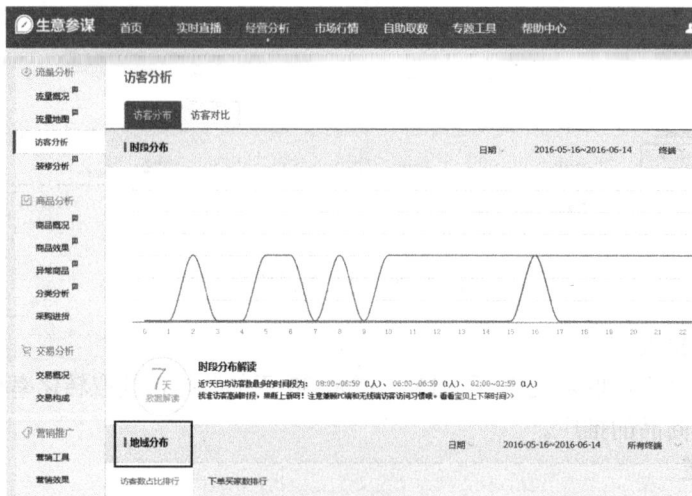

图 4-44　访客地域分布

卖家通过新建计划或是从已有的计划中进入到某一计划详情页面,单击"设置投放地域",进入设置页面,如图 4-45 所示。

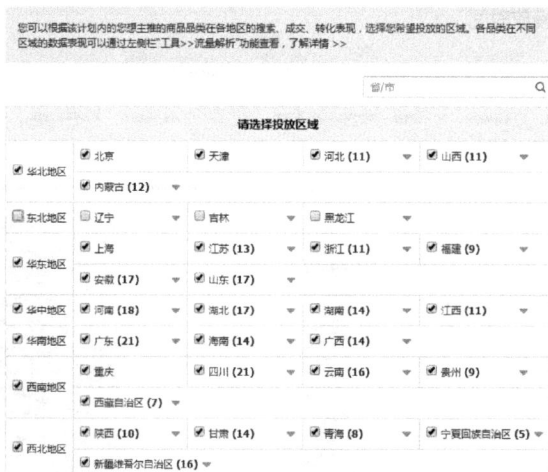

图 4-45　设置投放地域

（3）投放平台

卖家可以设置投放平台的站内、站外和 PC、移动的具体投放情况。由于站外不具备站内的购物环境，推广效果比较差，一般在大型活动需要引流时，可以选择站外投放。通过设置某一计划或是某个商品的 PC 和移动端的比例，平衡两者的推广效果，减少竞争度，用更低的成本引流。

买家通过新建计划或是选择已有的计划，查看某一个计划的详情，单击"设置投放平台"，进入到设置页面，如图 4-46 所示。

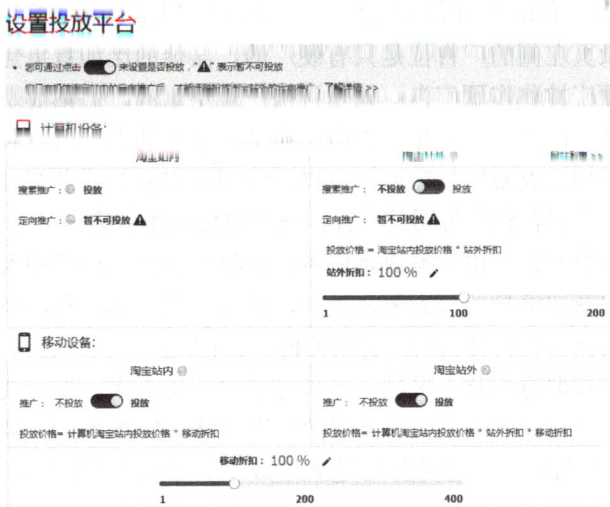

图 4-46　设置投放平台

6. 优化分析

直通车点击率是衡量一个直通车账户等级水平高低的重要指标之一。卖家通过优化直通车点击率满足流量的需求。

卖家可以通过以下几种方法提升直通车的点击率。

（1）商品

通过一段时间的推广，可以发现商品的主图、款式、图片场景、清晰度等都会直接影响推广数据效果。卖家需要优化相关信息，通过测试，选择各方面效果都好的商品进行推广。

（2）标题

标题中含有促销元素，有利于提升点击率，促销元素包括秒杀、包邮、折扣、特价等。

（3）关键词

关键词选择的好坏直接影响直通车推广的效果，优化主要依据关键词的点击率、转化率、ROI（Return on Investment，投资回报率）指标进行调整。

（4）站外推广

由于流量来源不同，站内、站外的点击率也会不同，一般站外推广的点击率低于站内推广，可以通过出价或者选择不同的站外渠道测试。如果站内推广和站外推广的点击率相近，说明站外推广有一定的效果，可以继续推广。

卖家也可以通过直通车提供的多纬度数据报表，优化直通车的其他数据效果。

三、钻石展位

钻石展位（简称钻展）是专门为有更高信息发布需求的卖家量身定做的产品，其精选了淘宝优势资源，通过竞价排序，按照展现计费。其性价比高，更适合店铺、品牌的推广。

钻展是按一千次展现收费，单位是 CPM（Cost Per Mille，每千次展现费用）。钻展总展现量公式：预算/CPM×1000=购买的总展现量（不是流量，是展现量）。

硬广（定价 CPM）和钻展的资源位大多是一样的，但是有一些广告位是只有硬广能投放的，比如淘宝登录页左侧的广告位是只有硬广的，其他的比如首页焦点图，硬广和钻展是都可以投放的。硬广被称作硬广告，就是说硬广是不定向，但钻展是可以定向的，比如卖衣服的卖家，做硬广的话，那么想买衣服、鞋子、包包的人都可以看到该广告，钻展是可以定向投放的，假如卖衣服的投钻展，可以只让想买衣服的或者买过衣服的人才能看到该广告。硬广没办法控制看到广告图的群体，很多时候获得的客户并不精准。而竞价 CPM 模式则完美解决了这个问题，由卖家决定广告图在哪个页面、给哪些人看。不会再出现流量不精准的问题，但获取流量的压力随之增加，在做大型活动时有可能拿不到流量。钻展比硬广更有优势，在日常广告支出中，竞价 CPM 是主流。

钻石展位的流量获取方式有十多种，操作方法也千奇百怪，能出现广告的地方更是有几百个（打开网址，单击导航栏上面的"资源位"，如图 4-47 所示，能查询到钻石展位的广告位置，即卖家广告图能出现的页面）。这就造成了更多的不确定性，也就有更多的机会。钻石展位的出现，使一些商家迅猛地发展起来，也使一些商家从神坛跌落。有些大体量商家把钻石展位当成店铺的稳定流量入口，有些商家把钻石展位当成拓展市场的利器，初期几个比较有特色的淘品牌客户的积累就归功于钻石展位的出现。

图 4-47　资源位列表

毛菇小象网店各方面条件均已具备，接下来需要了解钻石展位的操作流程。

（一）钻石展位的推广目的

网店运营的每个阶段都有不同的目的，如何让钻石展位发挥最大的效果，需要结合店铺的实际情况进行分析。

某女装网店的销售额在整个女装行业中 100 名以外，该网店卖家认为每一分广告费用都应该发挥最大的效果。每天的广告预算为 2 万元，但对流量的要求并不高，对回报率的要求却比较高，要求最低回报率要大于等于 3。

（二）钻石展位的定向原理

定向就是设定能够看到广告的消费群体。现阶段的钻石展位有通投、场景定向、群体定向、访客定向、兴趣点定向、DMP（Data Management Platform，数据管理平台）定向等几种方式。每种定向方式都有自己的特色，不同阶段、不同店铺、不同类目采取的策略各有个问。

1. 通投：钻石展位初期的硬广

通投是钻石展位中非常有意思的流量获取方式：花费的费用较多但效果比较差。原因在于通投获取的广告流量是没有经过筛选的，任何一个客户都可能看到广告。比如卖商务男装的店铺，用通投获取的流量大部分是需要买女装的用户。幸好，现阶段的钻石展位是可以把这种定向关闭的，可以选择不投放。

2. 场景定向：类似基础的 CRM 功能

场景定向是钻展位中针对客户分层的流量获取工具，有着类似 CRM（Customer Relationship Management，客户关系管理分层系统）的功能。场景定向把店铺内的客户初步分为四个层次，图 4-48 所示为其操作界面。

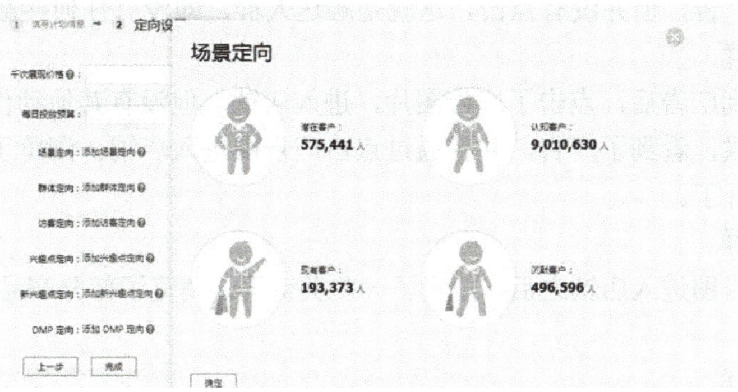

图 4-48　场景定向

场景定向中的四种定向方式分别是：

（1）潜在客户

潜在客户是指钻石展位后台系统根据买家的行为习惯分析出来的匹配度比较高的、对产品有需要的客户群体，但是这部分人并没有进入店铺。

比如，小红经常购买韩版连衣裙，毛菇小象店铺里的商品也有韩版连衣裙，但是小红却没有来过毛菇小象的店铺，系统就会锁定小红为潜在客户。买家在阿里旗下网站的任何一个动作都可能被打上标签。

（2）认知客户

认知客户是指 90 天内进入过店铺，有收藏或者浏览的访问行为。这部分客户对店内产品已经产生兴趣，但最终却没有购买。

认知客户定向覆盖的广告群体是已经进入店铺，并且进行了一些浏览、收藏或放入购物车这类动作的客户人群。这部分人群已经对产品产生了兴趣，只是欠缺下单的理由。活动秒杀、限量优惠等方式，都是能够促进这部分群体转化的诱导性因素。

（3）现有客户

即 90 天内在店内有过成交的客户。

（4）沉睡客户

沉睡客户是指来店里买过东西，但是超过 90 天没有再次购买的客户。

这四类客户都是高复购率类目可以应用的广告覆盖方式。相比而言，低复购率的类目可选择性就小很多，潜在客户和认知客户更适合低复购率的类目。

场景定向中的四种定向方式更像 CRM 中初步客户分层的一个基本逻辑；若想钻石展位做得比较好，最好将其和 CRM 结合使用，了解一些 RFM 模型（客户分层模型；Recency，最近一次消费；Frequency，消费频率；Monetary，消费金额），二者结合可以把钻石展位划分得更细，效果也会更好。

场景定向是围绕自身店铺做的一个细分，和营销场景定向有很多共同的地方。场景定向广泛，行销场景定向则更细致，操作人员可以选择多样化的操作手法。

3. 营销场景定向

营销场景定向一共分为五种：触达人群、兴趣人群、意向人群、行动人群、成交人群。

（1）触达人群

触达人群指看到广告但没有点击广告的人群。例如，小王打开淘宝首页时，看到毛菇小象店铺投放的广告，但并没有点击，这就是触达人群，即没有任何接触动作。

（2）兴趣人群

这类人群看到广告后，点击了广告图片，进入店铺，但没有其他动作。例如，小王打开淘宝首页的时候，看到了广告，并且通过点击广告图进入店铺，浏览了一会儿之后，没有任何动作就离开了。

（3）意向人群

小王点击广告图进入店铺之后，搜索了一些关键词，浏览了部分产品，但没其他动作，为意向人群。

（4）行动人群

小王点击广告图进入店铺以后，收藏或放入购物车一些宝贝，然后离开，这类人群为行动人群。

（5）成交人群

小王点击广告图进入店铺，买了产品，然后离开。这类人群为成交人群。

从复购率低的店铺看，成交过的买家因为类目的特殊性，进行二次购买的可能性很小，因此，看到广告但还没有购买的人群才是核心目标。从买家的行为看，收藏、放入购物车的群体的购物欲望较强烈，最后发现较适合的人群还是行动人群，可以有针对性地把这部分买家划分出来，作为营销群体和广告的主要覆盖群体。

4. 群体定向

群体定向覆盖了淘宝网几十个一级类目，可以指定投放对应的一级类目，群体定向针对整个大类目的客户群体投放。

例如，消费者在 30 天内收藏了一款韩版连衣裙，如果在圈定的广告中选择女装一级类目，消费者就有可能看到投放的广告。如果消费者不仅搜索了连衣裙，还搜索了男装，那么选择了女装或者男装的定向方式就可能把广告展现给消费者。

群体定向广告覆盖的人群是最近访问的一级类目，人群相对会很多，一般不作为主要的广告覆盖对象。

5. 访客定向

访客定向可自由勾选自主添加店铺和添加种子店铺，如图 4-49 所示。添加种子店铺最多设置 5 个店铺，系统会围绕填写的店铺自动扩展与该店铺群体类似的 150 家店铺的客户；自主店铺则是填写店铺名字，广告也只能覆盖到该店铺的群体。自主添加店铺的流量会更高一些，一般店主添加店铺也使用较多。

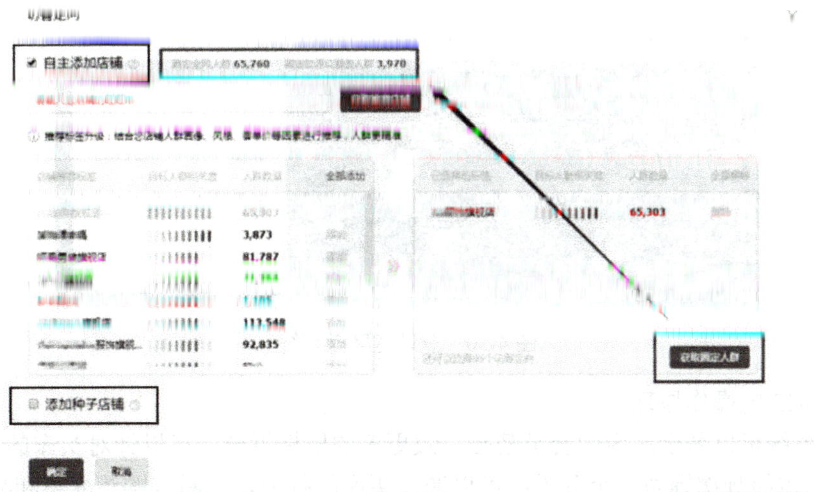

图 4-49　访客定向操作界面

6. 兴趣点定向

现阶段的兴趣点定向有三种方式：店铺推荐兴趣点、单品推荐兴趣点与搜索兴趣点。

（1）店铺推荐兴趣点和单品推荐兴趣点都是围绕自身推广的产品所在的类目进行匹配。比如，小红在淘宝网寻找一款日式连衣裙，搜索了两天还没有购买。毛菇小象店铺正好卖日式连衣裙，如果兴趣点选择了"连衣裙"，那么，小红打开淘宝网时就可能看到该广告。

但是问题随之出现，其他的买家在搜索韩版连衣裙、复古连衣裙、欧式连衣裙等时，都有可能看到毛菇小象店铺的广告。此时广告投放覆盖的群体中，大部分人都不是冲着毛菇小象店铺的日式连衣裙来的，那么广告带来的流量转化势必就会比较差。

一般品类需求单一、共通性比较强的类目，换言之，"款式"没有太多需求的类目是比较适合兴趣点的。也就是"标品"类目相对效果会好一些，具体的效果还要看兴趣点开放的标签是否细致化，细分到不能再细分的时候，兴趣点的效果就不会差。

如果再将兴趣点进行细分，变成兴趣点"韩版连衣裙"或"欧美连衣裙"等。兴趣点的可操作性就会高很多，因为人群已经通过风格进行了一次细致的区分。

（2）搜索兴趣点

搜索兴趣点的原理和单品推荐兴趣点类似，只是搜索兴趣点是基于买家的搜索习惯进行推荐的，原理和单品推荐兴趣点一样，只是推荐的兴趣点稍有区别。

7. DMP 定向

DMP（达摩盘操作系统）是钻石展位的另一种定向方式。DMP 定向是当下主流的推广方式，效果相对比较好，但是对店铺的会员基础要求也比较高。同时，DMP 的操作方式和前几种定向方式有明显差异。

（1）DMP 的操作流程

进入 DMP 系统，新建需要的标签，标签建好后提交审核。

然后进入钻石展位后台，新建推广计划，在选择定向的时候勾选 DMP 选项，再选中新建的 DMP 标签即可。DMP 比之前的定向方式多了登录 DMP 系统新建标签的过程，如

图 4-50 所示。

图 4-50　登录达摩盘系统

（2）DMP 的操作原理

DMP 系统可以基于店内的会员基础，做更多的属性拆分，可以针对买家的访问时间、浏览行为、访问频次等做一个分类；可以通过买家的行为，判断其购买欲望和喜好程度，如图 4-51 所示。

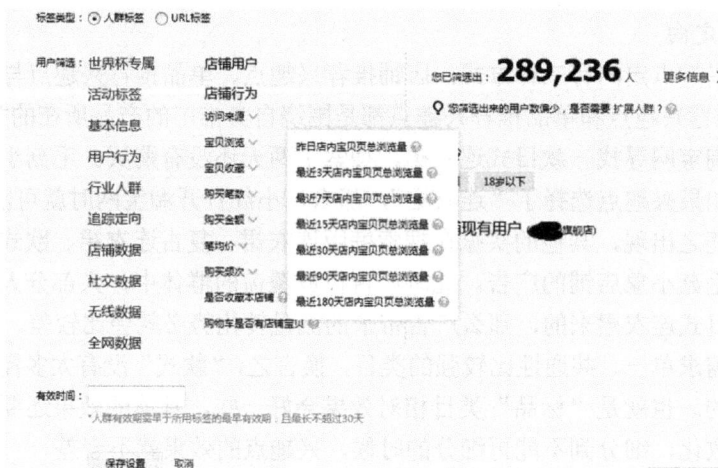

图 4-51　DMP 人群标签

（3）DMP 标签使用方法

先用达摩盘生成标签（如 7 天内浏览两次），创建好标签之后，再到钻石展位后台 DMP 定向中选中要投放的标签。测试后会发现一个很明显的规律，买家购物欲望越强烈，转化效果越好。

通过查看店铺所有流量入口的转化率情况，分析店内哪部分买家的购物欲望比较强烈。生意参谋中有流量地图，可以把日常流量入口的转化率标出来，DMP 可以实现购物车、收藏、访问频次、收藏次数、买家的购买金额等维度的定向，可以对平时转化比较高的流量入口再次放大流量。

DMP 是非常好的提高回报率的定向方式，但是想要 DMP 充分发挥作用，需要店铺日均客户基础较高。因为 DMP 基于店铺的买家分层分析哪部分买家需要什么，卖家就可以给买家提供什么，以最大化地提高转化率。

表 4-2 中，定向不同浏览周期的客户，访问周期越短回报率越高，整体的产出数据都在成倍爆发，收藏、购物车及多个类目都有一个共同点，消费者的购物欲望和转化呈明显的正比关系；而 DMP 效果的好坏取决了操作人员对整体客户购物欲望的把握。

表 4-2 DMP 的数据测试

人群名称	展现量	点击量	0 天订单金额	7 天订单金额	3 天回报率	7 天回报率	消耗金额
90 天浏览	38111	3719	126300	132564	2.36	2.74	4692.81
1 年购买客户	9714	743	120817	120817	8.26	8.26	1288.79
15 天浏览	12456	1444	119080	119080	4.54	4.54	1605.83
3 天浏览	3711	392	107345	107345	34.15	34.15	484.94
行动人群	22827	1865	100615	106824	3.44	3.44	2325.77
购物车	26346	2636	98585	98585	9.29	9.29	1702.56

钻石展位广告在覆盖过程中，都是并列关系而不是叠加关系。

定向：通投+群体（女装）+自主店铺（自己店铺）。

解读：广告可能覆盖所有淘宝人群、最近访问过女装的人群、去过自己店铺的人群，而不是淘宝所有人群中最近访问过自己店铺的女装的人群。

这是并列关系，哪怕同一个店铺后台出现同样的定向，也是根据出价高低进行优先展现，每一个钻石展位计划都是独立的个体，不区分具体的某个店铺的计划，所有商品都是相互竞争的。

当卖家明白其中覆盖的广告意义时，就会发现有很多定向方式并不是卖家所需要的，往往很多人一开始不清楚具体情况。不同的类目需求的定向也有所区别，通用的一般是以自主店铺、场景定向与 DMP 系统。

钻石展位和直通车一样，只是一个流量工具，变化是常有的，但万变不离其宗，即获取适合卖家的有高购买欲望的买家群体。如果有 CRM 方面的经验，钻石展位就能做得更加得心应手。

模块二 相关知识

一、直通车的优势

直通车的优势可以用四个字来概括：多、快、好、省。

（1）多：卖家在运作店铺时，希望得到更多流量，以提高销售额。这就会涉及多渠道引流问题，直通车可以帮助卖家在多渠道引流（淘宝站内、站外、无线等）。同时，可视化的操作界面可以更方便、快捷地帮助卖家使用直通车工具。

（2）快：很多推广工具的见效会较慢，达不到及时调整的效果。直通车可以通过可视化后台，达到实时优化操作的效果。每一份投入产出的源头都可以利用数据分析得淋漓尽致。

（3）好：正常的竞价推广工具，在投放时没有办法预估投放费用之后的竞争位置。直通车可以通过预测工具明确出价后的排名，这有利于根据买家的推广计划需求及时调整出价，以获得更多点击或转化。在后台操作中，可以根据实时调整自定义出价来预测直通车的排位，以优化直通车的效果。

（4）省：直通车之所以称为精准投放工具，就在于其可以定向投放时间和投放地域。可以通过数据魔方等软件查看买家来访高峰时段和购买高峰时段，帮助卖家设置直通车重点投放高峰时间段（增加投放比例），从而达到最优的目的；可以通过生意参谋软件查看购买省份和城市排名。进行数据分析可以找到主要购买城市和省份，在设置直通车时根据数据设置投放区域，达到最优投放效果。这样通过设置投放平台、时间、地域等，可以让付费工具发挥最大作用。

二、钻石展位的操作策略

1. 提高销售额

通过钻石展位带来流量直接购买，达到提高销售的目的；也可以通过钻石展位带来流量增加店铺的收藏，再通过收藏夹进入店铺购买；还可以加入到购物车之后进行购买。

2. 提高曝光及流量劫持

有时为了保持自己品牌的竞争力，防止品牌覆盖的忠诚客户被竞争品牌劫持，有必要用广告覆盖一些客户可能出现的地方。

3. 推广单品

一个成长期的单品需要的是比较精准的流量，也就是店铺内单品的所有流量进来的入口中，哪些流量入口进来的流量转化率比较高，客户更加优质。

4. 推广全店产品

全店小爆款模式（全店动销，全店产品都在卖的模式）的店铺相对会稳定一些，但是这种模式不适用于每个店铺，因为推广多个产品的广告费用是成倍增加的，在广告预算不多的情况下，多产品同时推广可能造成一无所获，这样就得不偿失了。

同步实训

一、实训概述

本章实训为站内流量导入实训，学生通过本项目的学习，能够掌握多种引流方式的策划步骤、实操方法以及分析优化的能力。

二、实训素材

（1）安装有基本办公软件与作图软件的电脑设备。
（2）智能手机实训设备。

三、实训内容

学生分组，并选出各组组长，以小组为单位进行实训操作。在本实训中，学生以博星卓越职业院校运营技能竞赛平台为实训平台进行站内流量导入。

任务一　站内免费流量导入

教师布置任务，学生在教师所提供的案例背景下，对案例背景进行分析操作。

商品标题	利用生意参谋分析优化商品标题
商品图片	图片设计要突出重点，文案策划要合理
营销活动	自建网店内营销活动

任务二　商业付费流量导入

教师布置任务，学生在教师所提供的案例背景下，对案例背景进行分析操作。

淘宝客	完成新建定向计划和多种方式的淘宝客招募
直通车	新建商品推广计划
钻石展位	选择定向方式

四、考核评价

各个小组可以通过本实训的展示，本人完成"自我评价"，本组组长完成"小组评价"内容，教师完成"教师评价"内容。

1. 评价表

评价项目	评价内容	评价标准	评价方式		
			自我评价	小组评价	教师评价
专业能力	任务一：站内免费流量导入（15分）	1. 是否能够利用生意参谋对标题中的关键词进行分析（3分） 2. 是否能够对标题中的相关搜索词数据进行分析处理（3分） 3. 商品图片的设计是否能够突出重点，包括卖点、促销、色彩搭配等（3分） 4. 商品图片的文案策划是否符合网店活动、商品特点（3分） 5. 是否能够利用工具设置营销活动（3分）			
	任务二：商业付费流量导入（30分）	1. 能够了解淘宝客的多种推广途经（3分） 2. 正确认识淘宝客工具对网店的作用（3分） 3. 能够根据网店实际情况新建定向计划（3分） 4. 能够正确设置类目佣金比率和主推款（3分） 5. 能够利用多种渠道招募淘宝客（3分） 6. 能够正确判断直通车的推广位（3分） 7. 能够完成某款商品的计划推广设置（3分） 8. 关键词和出价设置是否合理（3分） 9. 对投放时间、地域、平台的认识是否正确（3分） 10. 钻石展位的定向选择是否正确（3分）			
职业素养	1. 责任意识（4分） 2. 学习态度（3分） 3. 团结合作（3分）				
总分					
综合得分	教师根据学生的实训表现进行综合打分，其中自我评价占20%，小组评价占30%，教师评价占50%。				

2. 教师根据各组实训进程及成果展示分别做有的放矢的评价。

（1）找出各组的优点点评；

（2）展示过程中各组的缺点点评，改进方法；

（3）整个实训完成中出现的亮点和不足。

巩固与提高

一、单选题

1. 淘宝客的推广模式是（　　）收费。

    A. 按点击率　　　　B. 按展现量　　　　C. 按浏览量　　　　D. 按成交量

2. 直通车关键词的匹配方式有（　　）和广泛匹配两种。

    A. 精确匹配　　　　B. 短语匹配　　　　C. 否定匹配　　　　D. 以上均不正确

3. 钻石展位的访客定向中添加种子店铺最多可设置（　　）个店铺。

    A. 3　　　　　　　　B. 4　　　　　　　　C. 5　　　　　　　　D. 6

二、简答题

1. 为了吸引和刺激更多的淘宝客推广网店商品，卖家可以从哪几个方面选择主推商品？

三、讨论题

1. 简述卖家如何利用淘宝提供的工具进行商业付费流量导入。

站外网店流量导入

淘宝网店站外流量，很多卖家们都是不重视的，但是对于一些大卖家来说却是非常重要的流量来源之一。利用网店流量导入方式，能提升网店的流量和人气，进而带动更多的成交。站外流量需要的技术操作不多，主要就是商务洽谈和预算把控。

通过本项目的学习，可以掌握多种站外流量导入策划方式、操作步骤、优化方法的技能。

学习目标

知识目标

1. 熟悉常见免费引流方式；
2. 熟悉新媒体传播特点。

技能目标

1. 能够根据企业情况分析网店推广方式；
2. 能够策划不同推广内容；
3. 能够实施不同推广方式。

模块一 任务分解

什么时候网店需要引入站外流量呢？目前主流的时机一般有三个。

第一时机，是没有淘宝站内流量，需要快速建立销售之时。这个时机，因为站外流量相比站内流量更容易操作，如果卖家有一定的人脉关系，可以拿到一些优质的站外资源，用来做一些新品的基础销量、小爆款都是非常不错的。

第二个时机，是活动大促的时候。比如年中大促、"双11"、"双12"，这个时候消费者处于一个极为不理性的状态，也需要大规模站外流量引入。

第三个时机，是淘宝内部流量已经不够企业发展的时候。假如淘宝某个类目总客流量可能每天就是1万人，每年就360万客流量。如果一个网店或者一个品牌就可以掌控100万流量，甚至更多，企业必须把目光往站外看，增加平台和流量的引入。

☑ 任务一　微博营销流量导入

微博作为目前最为活跃的社交应用平台之一，具有强大的互动性及便捷性，因此对于众多企业与个人而言，微博平台的进驻已经成为移动互联网营销中的重要一环。

一、开通微博

新浪微博的注册与一般流程相同，需要强调的是微博名称和个性域名的选择。对于企业微博可在填写昵称和微博名称时，将企业名称或需要推广的商品品牌注明；个性域名可选择为品牌名称的全拼。这样操作一方面从用户角度考虑，可让来访者一目了然地看到品牌名称；另一方面，从搜索引擎角度考虑，这样对搜索引擎友好，搜索品牌关键词排名也更靠前。

（一）微博设置

微博设置是注册微博重要的一个环节，例如在新浪微博中，需要设置个人资料、个性设置等，如图 5-1 所示。

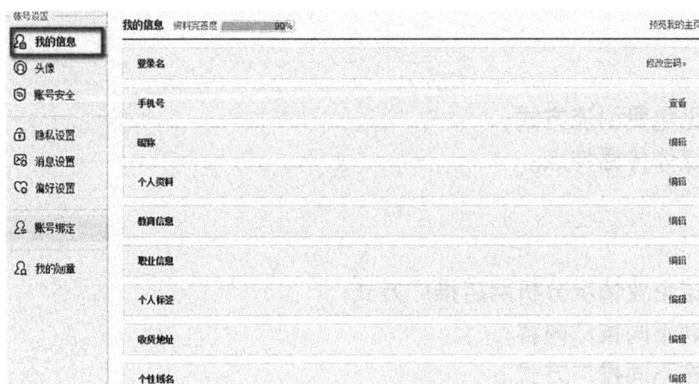

图 5-1　微博信息设置

其中需要说明的是个人标签的设置，这里可选择描述自己的职业、个人兴趣、爱好方面的词语，如电子商务、团购、旅游等。在贴上标签的同时，微博会为你推荐贴同样标签的用户，以此增加个人的社交圈。毛菇小象作为以销售女装为主的一个网店，在标签的使用上更多的是需要展示企业的属性和文化，这样既方便粉丝的记忆和查找，而且对于彰显企业的特点和形象也是十分必要的。如女装网店、时尚潮流、创意设计等内容都可以设置为毛菇小象在微博上的标签，如图 5-2 所示。

图 5-2　微博标签设置

由于微博介绍会在首页显示，是帮助用户了解这个微博的入口，那么这里的文字就显得弥足珍贵。若是做商品推广可视为营销点，可以将商品描述以精简话语放置于此或直接放置有效链接。毛菇小象的微博介绍以企业名称及企业淘宝网店网址组合显示，如图 5-3 所示。

图 5-3　毛菇小象的微博

（二）微博认证

从营销的角度出发做微博，不论是个人还是企业，需要将微博进行实名认证，这样不仅能够提升微博的权威性和知名度，还能够带来意想不到的"粉丝收益"，便于更好地跟名人产生互动。新浪微博认证提供针对个人、企业、媒体、网站等多种认证方式，可按照要求完成认证过程。如图 5-4、图 5-5 所示，满足要求就可以进行认证。

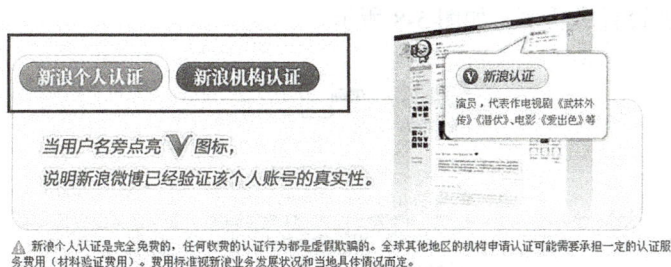

图 5-4　新浪微博认证

图 5-5　微博个人认证的要求

二、微博淘宝版

自新浪微博与淘宝在商品上合作开设出微博淘宝版以来，越来越多的淘宝经营者开始注重微博这个新媒体的互动协作意义。新浪微博与淘宝合作主要体现在三方面：一是账号互通和网店官微服务；二是更好的商品分享和用户沟通体验；三是更好的卖家营销和促销功能。

毛菇小象使用微博名称开通了微博淘宝版，首先在毛菇小象淘宝网店中单击进入我的淘宝账号管理，在账号管理中有"微博绑定设置"，如图 5-6 所示，单击进入微博淘宝版申请界面，如图 5-7 所示。

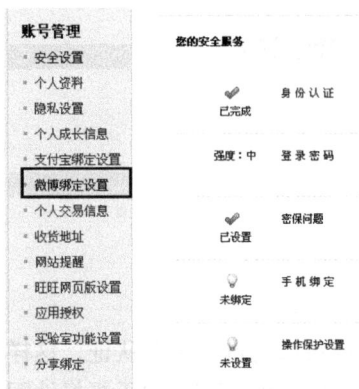

图 5-6　微博绑定设置　　　　　　　　　　　　　　　图 5-7　微博淘宝版申请界面

按照提示输入淘宝账号和密码，绑定成功后在微博名称后面会显示一个"淘"便签，这样微博淘宝版就设置成功了，如图 5-8 所示。

图 5-8　绑定成功后的微博

由于双方平台都已开通，所以淘宝卖家可以在微博用户端的信息流展现中发布商品信息，可以利用名片卡、链接解析和微博标示的方式直接呈现，上面将直观显示商品价格、销量以及受关注程度。用户单击后，会进入淘宝页面来完成最终的交易。

三、内容编辑

无论卖家将微博定位为品牌传播还是连带销售，所有的意图都是通过微博的内容传达的，所以内容为王是微博营销的根本所在。

（一）内容类

毛菇小象卖家开展以商品为主的内容营销，通过多种方式向用户展示商品，比如通过定期更新上新宝贝、商品细节图曝光、原创视频、衣服搭配技巧、不同面料衣服洗护技巧等，如图 5-9、图 5-10 所示。

图 5-9　商品细节图

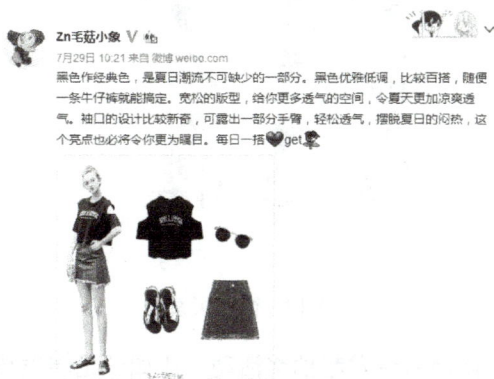

图 5-10　衣服搭配

如图 5-11 所示，微博每天都有大量网民参与的热门话题，毛菇小象卖家可以选择一些热门话题讨论，使微博内容具有一定的娱乐性，不至于导致粉丝长期被动阅读商品推荐内容而厌烦。

图 5-11　参与热门话题

（二）互动类

卖家以微博内容吸引粉丝，以多种形式的互动提高粉丝的活跃度与忠诚度，除了做好及时回复用户留言、私信的互动外，可以发起多种形式的互动活动。比如买家秀互动，将更具吸引力的买家秀微博进行转发或是原创，侧面宣传商品的质量、受欢迎度等，如图 5-12 所示。

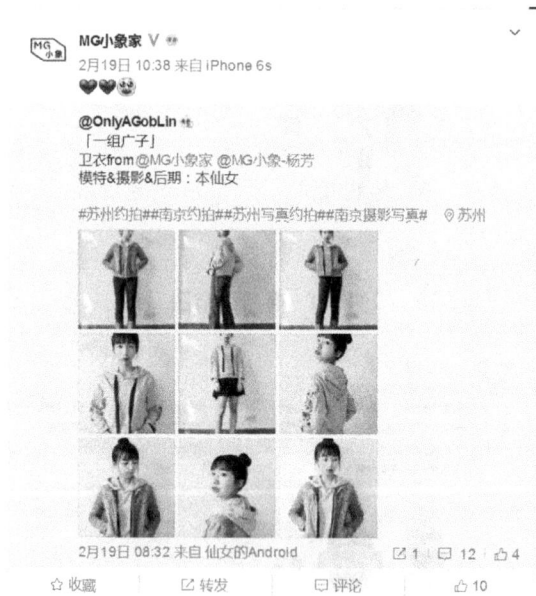

图 5-12　微博买家秀

毛菇小象卖家定期在微博后台发起抽奖活动，比如评论转发该微博的粉丝可以获取抽奖免费新品的机会，如图 5-13 所示。卖家也可以发起粉丝转发@规定数量好友的抽奖活动，这样可以拓展更多的潜在顾客。

图 5-13　抽奖活动

卖家也可以针对节日发起多种形式的活动，例如毛菇小象网店在七夕节发起"秀恩爱赢烛光晚餐"等活动，调动了粉丝的积极性，吸引了更多的用户参加，如图5-14所示。

图5-14　节日活动

除此之外，卖家适当转发一些跟网店主营商品相关的大V账号内容，以提高微博整体内容的丰富度，也可以经常和大V进行互动，他们如果转发感兴趣的卖家原创微博，可以带来更多的曝光和吸引大量的粉丝。

微博导流的方式不限于以上几种，卖家可以根据微博后台提供的粉丝分析，定制一些有针对性的内容营销。通过日常的微博营销，总结适合自家粉丝的微博内容和互动方式。

☑ 任务二　微信营销流量导入

微信营销算是当下最热门的新媒体营销之一，微信作为移动端流量与用户最多的社交应用软件，具有强关系、点对点的营销特点，因此很多淘宝卖家利用微信营销为网店导流，淘宝网店可以把微信作为站外流量导入方式重点之一。

一、微信公众号

微信公众号是开发者或商家在微信公众平台上申请的应用账号，与QQ账号互通。通过微信公众号，卖家可在微信平台上实现和特定群体的文字、图片、语音、视频的全方位沟通和互动。卖家开通微信公众号，可以推送与网店、商品相关的信息或活动，实现为网店导流的目的。

公众号共有三种类型：服务号、订阅号、企业号。

服务号是为企业和组织提供更强大的业务服务与用户管理能力，主要偏向服务类交互，适用媒体、企业、政府或其他组织，1个月（按自然月）内可发送4条群发消息，如图5-15所示。

图 5-15　服务号

订阅号是为媒体和个人提供一种新的信息传播方式，主要功能是给用户传达资讯（功能类似报纸杂志，提供新闻信息或娱乐趣事），如图 5-16 所示。适用于个人、媒体、企业、政府或其他组织，1 天内可群发 1 条消息。

图 5-16　订阅号

企业号主要用于公司内部通信使用，需要有成员的通信信息验证才可以关注企业号，适用于企业、政府机关、学校、医院等事业单位和非政府组织。

（一）注册流程

微信平台的登录可以选择通过 QQ、邮件、手机号码的绑定或是平台的注册实现。在微信平台上注册账户，分为个人账户和公众账户两种，前者更注重的是私人拥有，注册个人账户需要电话号码的验证来完成，验证成功后就可以进一步地填写账户信息，这里需要强调的是账户名称的选择，名称可以是个人的姓名，也可以是兴趣爱好，这样填写方便相同兴趣的朋友查找，也有利于推广自身或是微店等，如大熊掌小静、于果先生、爱臭美小店等。

　　而公众账户的申请就较为严格。首先在基本信息中需要邮箱来验证激活，之后会出现一种账号分类分别从订阅号、服务号及企业号。订阅号主要是为媒体和个人提供一种新的信息传播方式，构建与读者之间更好的沟通与管理模式。服务号是给企业和组织提供强大的业务服务与用户管理的能力，它能帮助企业快速实现全新的公众号服务平台。而企业号是为企业或组织提供移动应用入口，帮助企业建立与员工、上下游供应链及企业应用间的连接。三者的不同之处就在于企业自身的性质了，无论选择哪一种类型都是不可以更改的。

　　毛菇小象作为以经营女装为主的企业，在微信营销上选择了以开设订阅号为主，之所以选择订阅号是因为订阅号可以推送企业及商品相关资讯内容，而且可以在聊天界面底部自定义菜单的设计中嵌入微店网店，使得移动端网友可以通过微信订阅号选择企业商品与服务；其次从微信公众账号的分类性质来看，订阅号更加符合毛菇小象微信营销的目标。

　　在选择完账号类型之后，接下来需要提供企业名称、营业执照注册号、公司成立日期、经营范围等资料，缺一不可。在所有信息补充完整之后，如图 5-17～图 5-20 所示分别为微信公众平台基本信息的填写及邮箱验证后的企业信息登记。

图 5-17　微信公众账号分类

图 5-18　微信公众平台注册基本信息

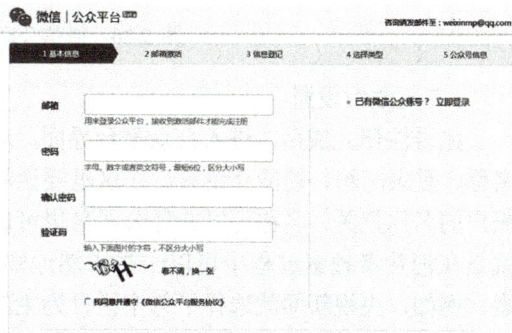

图 5-19　微信公众平台信息登记（1）

图 5-20　微信公众平台信息登记（2）

（二）微信设置

账号注册完成后，进入公众平台界面，对企业的信息进行设置，包括头像的图片、公司名称、登录邮箱、功能介绍等。在这里要说的是名称和头像图片两个部分，企业需要对公众账户的名称把关，名称可以选择公司名也可以选择公司的某一个商品，这样选择最大的好处就是在消费者搜索过程中可以一目了然地知道公司的属性，而且有助于搜索引擎的友好搜索。例如，央视新闻就选择了每个栏目为主的名称，如"焦点访谈""给你一个亿"等。

（三）微信认证

微信订阅号的认证需要订阅人数达到 500 人及新浪微博或腾讯微博的认证来辅助完成，需要订阅人数达到 500 人就可以完成认证，认证的通过不仅可以增加微信公众账号的公信力，而且增加了内容的发送频率。微信公众平台认证，如图 5-21 和图 5-22 所示。

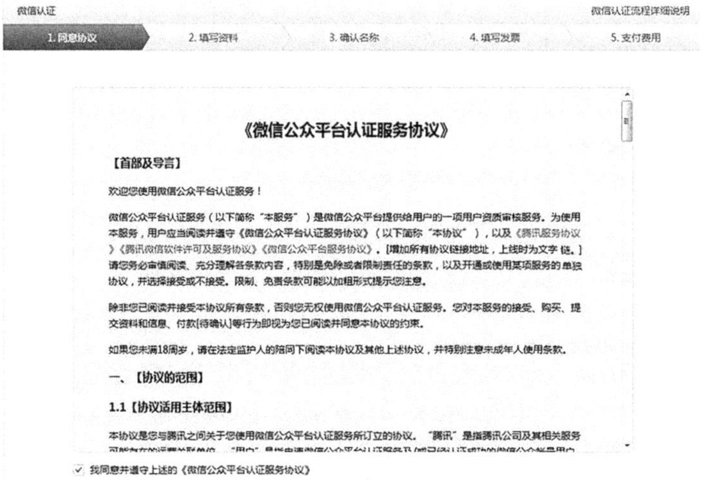

图 5-21　申请认证的协议

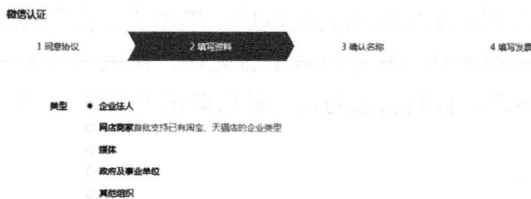

图 5-22　认证类型的选择

主要从微信公众号和个人朋友圈进行微信流量的导入，通过微信引流手段，提高淘宝网店商品的曝光。

（四）内容编辑

以订阅号为例，具体讲解图片和自动回复的编辑、设置。

1．图文消息编辑

微信订阅号允许运营者每日向用户发送一条群发消息，可以是直接的内容消息，也可以是图文消息。一般订阅号都会采取图文消息的形式进行发送，因为其在展现形式上更加直观。图文消息又分为单图文消息和多图文消息，选择何种形式以发送内容的需求而定。在发送图文消息时，首先进入订阅号后台，单击"群发功能"，进入群发界面，下面的"群发对象"是对发送的对象进行选择，可以选择一两个分组进行消息发送，也可以选择全部的用户进行发送。在"群发对象"的下面是编辑对话框，可以直接向用户发送消息，如果要发送图文消息，需要单击新建图文消息按钮，如图 5-23 所示。

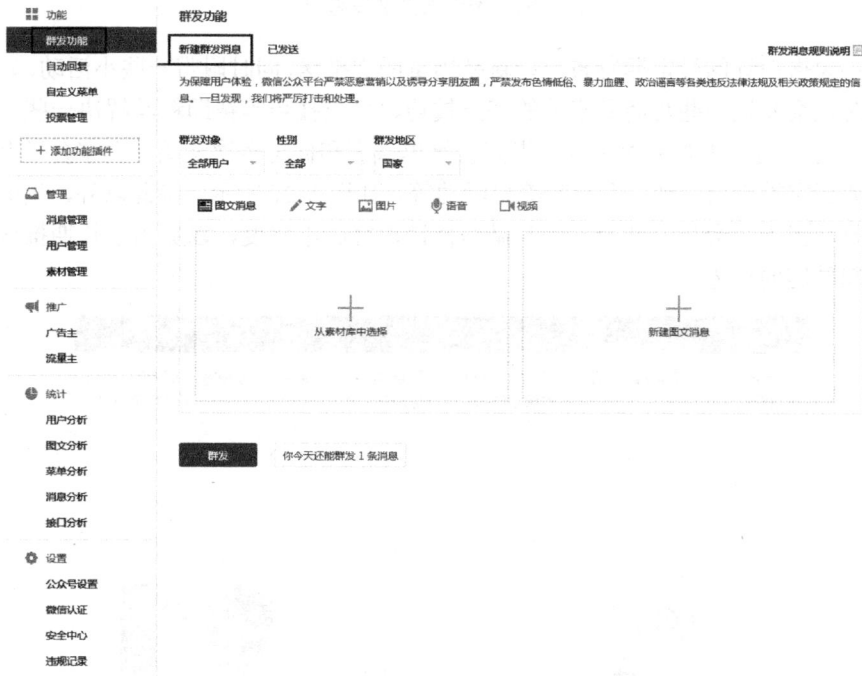

图 5-23　群发消息设置

进入图文消息编辑区后，对图文内容进行编辑，可以对每个图文内容的标题、作者、封面、正文内容进行编辑。2 则图文内容不够的情况下可以进行添加，最多可再添加 6 则图文消息，总数不能超过 8 则。整体编辑完成以后，单击"预览"可以将图文信息发送给指定的微信账号进行手机端的预览，确定内容是否无误，排版是否无差错、是否美观等问题，如果不理想可以继续修改，直到满意为止，最后单击"保存"，或者直接单击"保存并群发"，如图 5-24 所示。

图 5-24　图文消息编辑界面

　　毛菇小象微信订阅号定期发布一些新品预览图文推送，同时附带一些小活动，如图 5-25 所示。同时还会发送一些与商品相关的搭配技巧、穿衣技巧等帮助粉丝解决一些小难题，如图 5-26 所示。为了增加粉丝黏性，提高粉丝忠诚度和促进多次购买，卖家会举办一些互动活动，如买家秀投票活动、七夕晒美景活动等，如图 5-27 所示。除此以外，卖家还经常将图文素材与当下社会热点结合，提升微信营销内容的丰富度，以免由于长期推送营销类活动，引起顾客的厌倦。

图 5-25　网店新品素材

图 5-26　商品相关素材

图 5-27　互动活动素材

2.　自动回复设置

订阅号的自动回复功能可以通过添加自动回复的内容以及关键词，来达到自助服务用户的目的，一定程度上能够减少人工回复的工作量，提高服务的效率。目前微信订阅号的自动回复功能包括三个内容：被添加自动回复、消息自动回复和关键词自动回复。

卖家进入订阅号公众平台，单击"自动回复"功能，如图 5-28 所示，可以看到自动回复的设置界面，自动回复分为以下三种。

图 5-28　自动回复功能编辑界面

（1）被添加自动回复：用户首次关注订阅号后，系统自动发给用户的图文信息，一般是欢迎类的文字内容，或者采用拟人的口吻告诉用户自己能给用户提供的帮助。

（2）消息自动回复：此功能是在用户发送非关键词的文字时，系统发送给用户的消息，一般为希望用户翻阅历史消息进行查看或者遇到问题可以留言或拨打客服电话，等等。

（3）关键词自动回复：对于已经建立的关键词，用户只要回复关键词或者包含关键词的相关内容，系统就会自动回复已经设置好的回复内容。回复的内容可以是文字、图片、语音、视频，也可以是图文，具体以内容而定。

自动回复的设置可以让用户第一时间收到服务性的反馈，提升用户体验，此外还可以帮助运营者提高效率，减少运营中一些程式化的环节。

除此之外为更进一步提升微信订阅号的运营效果，微信订阅号的消息内容需要运营者及时回复。因为微信公众平台最多只能为运营者保存最近 5 天的消息，所以如果未及时回复用户消息可能会造成用户体验效果差，更甚者会取消关注微信账号。与此同时，对于微信公众账号的运营，还可以针对用户群体进行分组管理，这样不仅可以提升运营的效果，而且便于后期营销活动的操作。

微信公众号的文章内容质量是关键，只有高质量的内容才能引起用户的阅读兴趣，进而有可能被广泛地传播，吸引更多的粉丝关注，通过曝光网店名称、商品、策划用户活动等方式，进一步为网店引流。

二、朋友圈

淘宝卖家可以申请微信号进行朋友圈营销。首先需要设置微信名称，一个好的名字，方便传播，可以让知名度提升多倍。微信名称建议是卖家从事的行业、网店名或是商品加个人名称，不建议用英文名或是不方便搜索的复杂符号。个性签名设置需要以宣传或是解决用户常见问题为目的。比如卖家将用户好评返微信红包作为主要服务点，个性签名设置为"宝宝们~没有回复的不要着急哦~因为不是常拿着手机~看到会立返哦"这样的签名，可以防止因没有及时回复用户所引起的不好体验。

卖家一般可以利用以下几种方式增加粉丝数量：

① 包裹内外印上卖家微信的二维码；

② 结合商品特性，多加入一些相关的 QQ 群进行沟通交流；

③ 通过加活跃 QQ 群中的用户，导入微信端，互加微信好友；

④ 利用 QQ 空间、QQ 签名、论坛等发布软文广告为微信引流；

⑤ 用户好评加网店微信返红包；

⑥ 微信好友转发达到要求的数量进行抽奖活动。

卖家进行个人朋友圈营销时，可以参考同行做的比较好的网店，一般可进行以下几个方面的活动。

（一）商品上新

比如新品细节图曝光，并发起老客户凭此图优惠活动，这样可以有效提升老客户的黏性，同时让新加进来的用户认识到该微信不仅可以看到最新的商品，还有其他优惠可以享受。

（二）用户调查

卖家在选样前会对某一商品做用户调查，参考这一结果，更能提高用户的满意度。

（三）网店活动

比如用户收藏、点赞等方式立减 5 元，通过这种小优惠的方式，让网店导入更多的精准流量。

（四）其他娱乐类

包括卖家个人的生活、商品相关、所见所闻、热点事件等，可以提升整个朋友圈内容的丰富度。

卖家发起的网店活动通过朋友圈用户的不断转发支持，实现快速传播。卖家可以采用简单的随机抽取符合转发数量的用户获赠奖品，也可以采用高级的技术方法。卖家在制作活动微网页时，添加助力一栏。用户参加活动时，在活动页面上输入姓名、手机号码等信息，单击报名参与，即进入具体活动页面。用户想赢得奖品，就要转发至朋友圈并邀请好友助力，获得的好友助力越多，获奖的几率也就越大。为发挥助力者的积极性，卖家也可以让参加助力的好友抽奖。因为有大奖的吸引，卖家可以通过报名者及其众多好友的关注和转发，达到广泛传播和增加粉丝的目的。

☑ 任务三　其他站外流量导入

一、网店论坛推广

论坛 BBS 所聚集的目标客户群体是一个经过精确细分的市场，而且 BBS 是一个依托强大的互联网形式所开展的目标群体互动平台，由一群个性鲜明的人群对某个品牌、某件商品、某个事件或某种生活方式有着共同兴趣和爱好聚集在了一起，并进行彼此之间无阻碍的沟通与交流。从某种意义上说，论坛 BBS 的参与者其实就是具有某些共同兴趣和爱好的群体特征，是经过精确细分的市场，认识了论坛 BBS 的群体是什么样的，卖家就可以确认商品是否适合在此推广。

（一）选择论坛

在选择论坛时首先需要考虑到商品的受众人群是哪些，如果是女装类目，在寻找论坛时要求和商品相关、人流量大，在搜索引擎中搜索和女装相关的论坛，如图 5-29 所示。

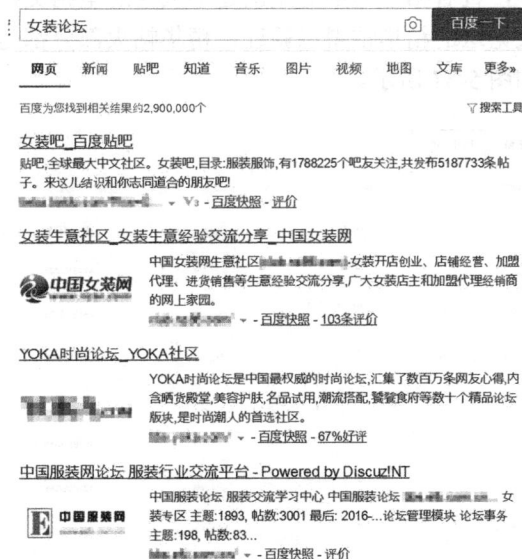

图 5-29　搜索女装论坛结果

可以看到有百度贴吧、女装生意区、YOKA 时尚论坛等，作为淘宝网店不得不说淘宝论坛和后期衍生出的蘑菇街、美丽说等，如图 5-30 所示。

图 5-30　淘宝论坛首页

这些都是需要考虑的论坛，在论坛筛选时注意以下几点。

第一，论坛是否有特殊的板块；

第二，论坛是不是提供了免费答疑服务；

第三，论坛是否有娱乐板块；

第四，论坛是否活跃，例如有没有活动，如送礼品或者荣誉会员（VIP 会员）等。

最终毛菇小象淘宝官网网店以淘宝论坛为主、其他几个为辅的方式注册并发帖。

（二）内容策划

论坛确定后，接下来准备发帖，帖子的质量直接决定网友的关注度。帖子也分为很多种，例如软文帖、问答帖、活动帖、心理帖、广告帖、特价帖等。这里就以软文帖为例进行分析。

一篇好的软文，不需要华丽的文字和丰富的内容，简单明了，对准各位网友的胃口为最佳。例如在淘宝论坛中，查看帖子的都是刚出道不久在这里结交好友学习开店经验的新人，这一点也可以从淘宝论坛的精华帖得以验证，精华帖大部分都是以卖家分享的开店经验、开店技巧等为主，如图 5-31 所示。

图 5-31　淘宝论坛中的精华帖

每篇经验帖对于初学者来说都是精华所在，从而主动联系发帖的卖家，浏览卖家的网店。

以下是书写经验帖需要注意的几个方面。

1. 个人经验

每位前辈下笔，都会写出自己的网店心得、营销手法。这些都是不可抄袭的，一个没有经验的人，是写不出让人感同身受的文字的。所以，只有与切身经验有关，才能思绪如流、下笔如神。

2. 排版清晰

高质量的软文排版应该严谨、有条不紊，试想一下，一篇连排版都比较凌乱的文章，不但会令读者阅读困难、思路混乱，而且会给人一种不权威的感觉。所以为了达到软文营销的目的，文章的排版不可马虎，需要做到最基本的上下连贯，最好在每一段话题上标注小标题，从而突出文章的重点，让人看起来一目了然。如图 5-32 所示，这篇帖子从排版上很清晰，层次分明，需要强调的部分使用不同的字体或颜色标出。

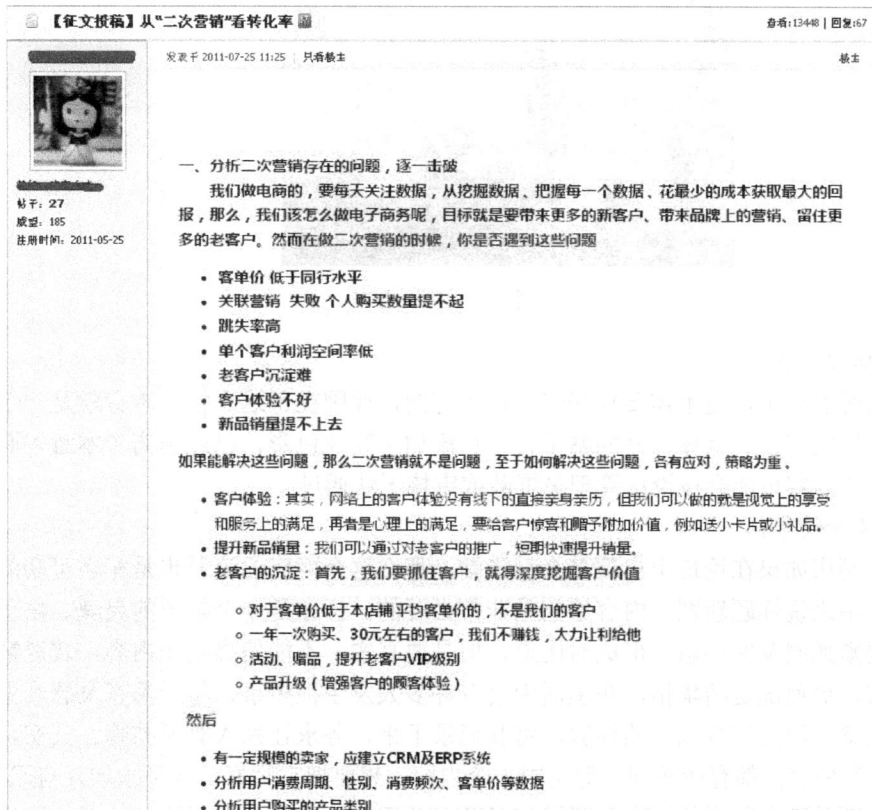

图 5-32　排版清晰的帖子

3. 图文并茂

现在所有论坛编写者在编写论坛帖子时都会采用图文并茂的样式。图文并茂，吸引网友眼球，尤其是经验、数据类的帖子，需要给网友真实的感觉，能够带动网友阅读的兴趣，能让帖子增色不少。在淘宝论坛中有很多卖家在分享经验时都会贴上自己网店运营的照片，无论是数据分析、网店截图、工作环境照、库房照还是其他好看的图片，都会使这个帖子展示阅读效果更具说服力，如图 5-33 所示。

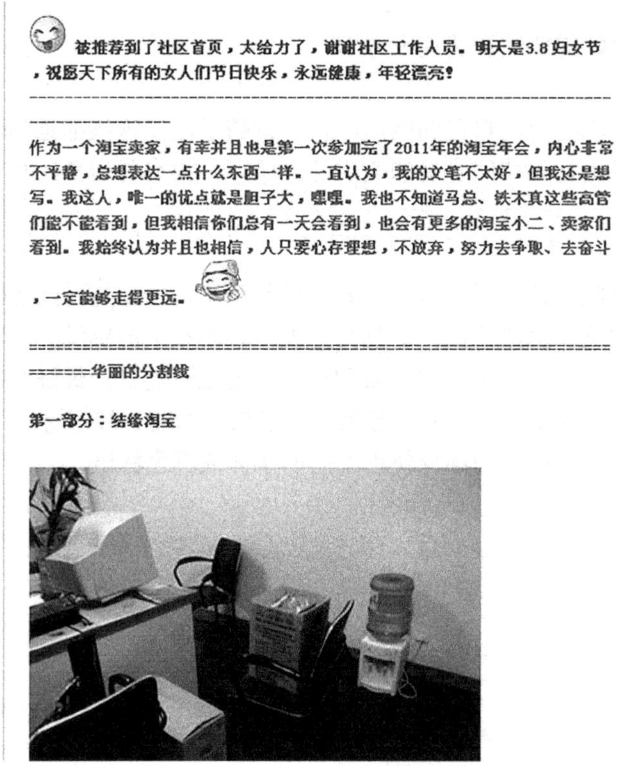

图 5-33　图文并茂

4．切勿广告

一篇好的帖子，是不需要加任何广告内容的，原因在于这个帖子本身就是一个广告，而且是最好的广告。就算很好的帖子，一旦添加了商业色彩，已经偏离了本意，而且帖子本身的广告内容可能会被论坛管理员屏蔽或审核无法通过。

5．关于精华帖

一个网店如果在论坛中出现多个精华帖，那么这个网店的流量也是相当可观的。对于一个精华帖来说标题新颖、内容原创是非常必要的。标题是一个帖子的灵魂、帖子的核心所在。要紧抓网友的心态，形成对比差，但是要真实，不能偏离帖子内容。普通帖子，都要求真实，更何况是精华帖，在生活中会有许多人发生很多事，每天都有灵感产生，要抓住这个灵感。随之结合以往的经验，将其记录下来，务求让别人有所共鸣。其实，无论什么帖子，其内容，都有所相同。但是同一个内容，想要把它写好，就必须加入自己的感情、经验。内容是可以抄袭的，但是感情和经验，是不能抄袭的。一篇好的帖子，无论言辞是否华丽，内容是否老生常谈，但是只要注入原创人的灵魂，就能发光。

（三）论坛信息发布

帖子内容主要围绕商品命名展开，首先是标题，为吸引眼球可以将标题设为"教你如何利用商品命名提升网店流量"或"卖家必读，利用商品名称提升网店流量"；其次是内容，根据自己经验书写一篇原创文章，也可以利用网上一些资料进行二次修改，在自己的网店中找到几张商品命名的图片加入文章中；最后对写好的文章进行清晰的排版。

内容书写完成后就可以在论坛中发帖了，使用账户进入淘宝论坛，在右下角有"发帖"按钮，如图 5-34 所示。

图 5-34 淘宝论坛界面

单击帖子选项，进入发帖界面，如图 5-35 所示。

图 5-35 淘宝论坛发帖框

将事先写好的经验帖粘贴到文本框内，注意发表板块中也有很多选项，毛菇小象根据所写内容选择实战分享或经典干货都可以，如图 5-36 所示。

图 5-36 淘宝论坛发布板块

文本框中的正文部分的文字大小设置为 16px 或 18px，字体设置为宋体，小标题可以加粗、字体变大，然后在适当位置加入事先截好的图片，单击插入图片按钮，如图 5-37 所示。

图 5-37　论坛文字设置

单击插入图片会出现对话框，如图 5-38 所示，在对话框中选择存放图片的路径。

图 5-38　淘宝论坛图片上传

添加成功后对整个文章进行预览，单击预览按钮会在一个静态页面中查看自己的文章，仔细阅读，发现错误的地方及时进行修改，修改完成后就可以正式发表，如图 5-39 所示。

图 5-39　淘宝论坛帖子预览

卖家可以利用其他常见方法为网店导流，比如在网店活动时，水印促销可以一目了然地传达促销活动，吸引用户点击购买。视频直播更是当下特别火的导流新方式。网店需要紧跟潮流，实现多方式、内容化的网店引流模式。

二、邮件营销

邮件营销是一种较为"古老"的网络营销方式，但是通过互联网的发展，邮件营销的方式也在逐步革新。邮件营销有三个基本因素：用户许可、电子邮件传递信息、信息对用户有价值。由于邮件营销具有"用户许可"这一特性，所以同时也具有了一定的目标针对性。

这里主要以毛菇小象自建 B2C 网站的邮件营销作为案例进行详细的阐述和讲解。在毛菇小象官方网站的注册流程中邮件信息是必须填写且需要进行验证的，所以可以最大限度地确保用户邮件信息的真实有效，从而可以使得邮件营销更加精准化。

（一）营销群体分析

中国互联网的快速发展，使得通过互联网购物的网民越来越多，从最初的资深互联网人士到现在普通白领、学生，甚至很多中年人都加入了网购行列。但是回归到邮件营销中，不难发现，并非每位网购用户都会频繁地使用邮件，所以，需要对营销的面向群体进行分析定位。

首先，毛菇小象是 B2C 网上购物平台，网站本身所面向的对象是互联网用户中的网购群体，大体的目标群体可以如下划分。

1. 普通互联网用户

普通的互联网用户，即是对于网络购物并不热衷，或者没有网购经历的人群。这一类人群属于待开发目标群体。

2. 具有网购经历的互联网用户群

该类人群具有网购经历，并且热衷于网络购物，同时也在各种网购平台有过购物经历。这一类人群属于营销目标群体。

3. 毛菇小象网站内的会员

网站的会员是宝贵的用户资源，这一类人群在毛菇小象网站购物过，网站具有用户的相关喜好资料，营销目标匹配度极高，属于维护型目标群体。

毛菇小象目标群体划分如下。

1. 待开发目标群体

这一部分用户属于没有网购经验，或者没有使用过毛菇小象网站购物的人群，需要通过引导来进行购物活动的群体。

2. 营销目标群体

该组群体属于具有网购经验，并且在多个电子商务平台中购物过的用户，熟知网络购物的流程，但不是毛菇小象网站的会员，此类用户是需要通过相关的营销方式引导其进入毛菇小象网站购物的。

3. 维护型目标群体

该组群体属于在毛菇小象网站注册并进行购物的用户，由于当前网络购物平台相当纷杂，就需要通过一定的营销手段来留住已注册的用户，那么这一类用户群体就显得十分重要，同时，因为网站掌握了用户的邮件信息以及相关的购物偏好，所以可以更加有针对性地进行精准营销，使得营销工作成果更高。

通过对以上三种用户群体的分析，便可以得出一个结论，即维护型目标群体是此次邮件营销中的主要针对群体。

（二）内容策划

主要针对目标群体既已确定，接下来就要针对目标群体进行邮件营销内容的策划。

邮件的内容需要能体现毛菇小象商品的特色，同时还需要表现其价值，根据受众不同时期的不同需求，要对邮件内容做到有的放矢。

毛菇小象网站是 B2C 性质的电子商务网站，主要商品是裙装、套装等，所以毛菇小象网站会员的主要购物取向也是女装为主，在邮件内容中，就更要偏重于强调时尚套装和搭配套装等。

在对邮件内容的规划中，首先需要确定营销的商品类别。毛菇小象的主要商品类别如图 5-40 所示。

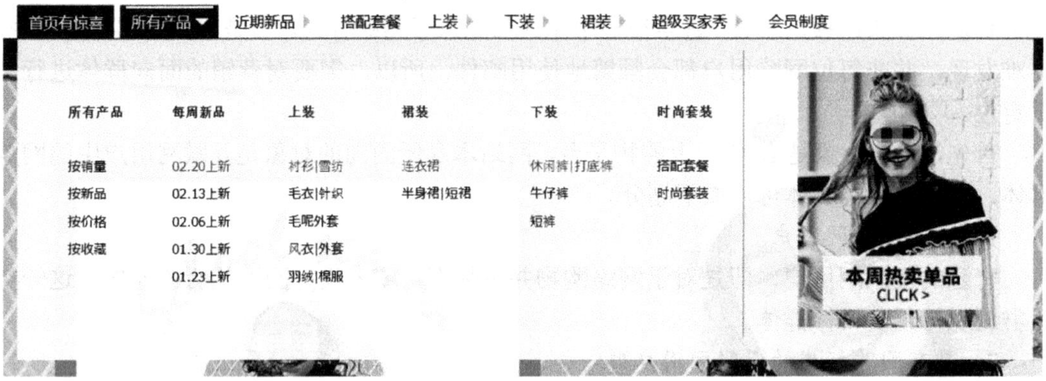

图 5-40　全部商品类别

根据图 5-40 可以看出，毛菇小象网站的商品类别非常丰富，从上装、裙装到时尚套装一应俱全。在通过邮件向目标群体发送营销内容时，自然是不能全部发送，需要进行一定的分析和筛选。

首先，确定网站的主打方向，毛菇小象网站主打的是上装、下装及时尚套装的销售，同时，网站会员在各个商品类别中的购买比例也大幅偏向于此类商品，所以在选择方向的时候，应该将重点放在时尚套装这部分。与此同时，不重点推荐上装和裙装可以有效地与同类网上商城形成差异，避免了用户的选择与思考，使得营销精准度进一步提升。

在确定了主要的方向为时尚套装之后，就需要进行进一步的筛选工作。根据网站的相关统计数据，来对用户青睐的商品进行精准定位。

根据毛菇小象对商品销售情况的数据，将每个商品类别进行统计，并将详细的数据规划为指标，其中将访问量、购买量以及再次来访指标较高的几个类别归纳为表 5-1。

表 5-1　商品各项指标

商品类别	访问指标	购买指标	再次来访指标
时尚套装	149	323	180
上装	109	179	121
裙装	92	201	37
下装	70	197	40

表 5-1 中的各项指标可以被理解为千分比，是通过详细数据和网站总数据对比产生的。

由表 5-1 可以看出，访问指标最高的是"时尚套装"这一类别，同时购买指标也是最高的，这就可以说明大量的访客会去访问这一类别的商品，同时，高购买指标表明在浏览商品之后，购买率是非常高的，这就反映出这类访客的购买目标十分明确。通过再次来访指标可以看出购买该类商品后仍会有高达 30%左右的用户选择再次访问该类别的商品，那么就需要标记出这类用户，他们是需要重点营销的目标之一。

最后，观察表中"下装"这个类别的访问指标低于其他类别，但是其购买指标却并不是很低，这就说明了访问该类目的一部分会员具有较高的目的性，同时也表明了这一类会员知道毛菇小象具有此类商品；另外，根据表 5.1 可以看出此类商品的再次来访指标数值较低，这说明此类商品的持续购买力较低，同样，这些商品并非毛菇小象主打商品类别，所以此类商品在邮件营销中虽然不及其他商品那么重点营销，但是通过邮件让更多的网民了解知晓毛菇小象网站的商品也是很有必要的。

根据上述分析，并结合网站的受众目标、营业重点可以确定，在邮件营销中，应该将时尚套装、上装及裙装列为重点营销对象。

通过分析网民日常购物习惯（如图 5-41 所示），可以发现一个特点，即节假日前的购物需求更大。

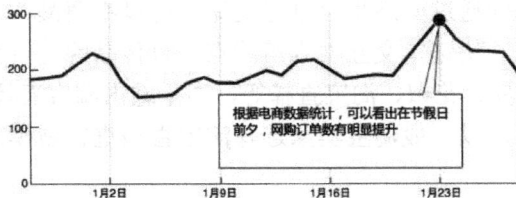

图 5-41　节日网购统计图

所以，在做邮件营销活动的时候，就需要考虑近期的节假日，并根据相应的节假日推荐对应的商品，这样一来，网站访客的相关需求就更加精准，营销效果也会更好。

在对商品类别的大范围确定之后，还需要选择具体的营销商品，对于营销商品的选择，不仅需要和节假日相匹配，还需要考虑商品的具体优势。在选择具体商品时，要考虑以下几个因素。

1. 价格对比

在选择具体的营销商品时，需要考虑该商品是否具有价格优势，也就是说该商品的网购价格和市场价的对比，需要具有较大的优势。

2. 活动推荐

网购网站会经常举办相关的优惠活动，在活动期间，会有很多商品具有优惠价格、赠送礼品或者其他返利、优惠活动，通过推荐此类活动商品，可以抓住购物者的"实惠优先"心理。

3. 新鲜/新奇/特色商品

参与网购的网民通常情况下会对新商品有较大的兴趣，对新商品进行营销推广，可以有效地提高新商品的知名度以及销售量。

那么，根据上述分析可以发现，需要进行邮件营销的商品非常丰富，但是实际电子邮件的篇幅会有限制，无法展示所有的商品，那么就需要对商品做出一个营销比重分析，对比分析出哪些商品需要重点营销推广，哪些不是重点推荐，并对这些商品整理归纳为一个表格。

（三）邮件发布

在确定了需要营销的商品之后，接下来就需要着手制作具体的邮件页面。电子邮件的呈现方式多种多样，但其实现还是通过 HTML 语言进行编辑，所以在编辑营销邮件时，还需要通过相关的 HTML 编辑器进行设计，最常用的 HTML 编辑器是 Adobe Dreamweaver。

在制作好邮件样式之后，就可以进行发布，这里需要说明的是邮件标题的撰写，邮件标题是用户点击的第一吸引力，因此在邮件标题撰写的时候一定要独具匠心，使得标题更加突出。例如热销欧美套装 5 折起，买裙装送上装，换季促销最高立减 150 元等。这样撰写的意义就在于它不仅能够使得邮件的阅读量达到预期效果，而且为订单的销售提供一定的机会，因此对于邮件营销而言，标题的撰写是十分重要的。对于发布完成的邮件内容，并不是坐等订单的销售，而且需要针对邮件发送的情况进行实时跟踪和效果的监控，只有这样才能行之有效地把握营销的效果，使得邮件营销产生预期的效果。

三、视频直播

网络直播在同一时间通过网络平台进行交流，可以将商品、活动等现场直接发布到网上，利用直播的直观、快速、交互性强等特点，宣传品牌。目前网络直播的平台有很多，如美拍直播、一直播、花椒、淘宝直播等，由于站内淘宝直播受众精准、互动性高，更有利于品牌的传播，所以一般淘宝卖家选择淘宝直播进行新模式宣传，提高品牌和商品的曝光。

作为卖家，可以寻找适合店铺宝贝的网红做推广。网红负责推广，卖家做好运营，提供商品，双方互相盈利。淘宝直播对卖家而言有以下好处。

1. 新流量渠道

淘宝直播平台作为新增的宝贝展现渠道，为店铺引入流量，挖掘更多的潜在顾客。

2. 立体展现宝贝

淘宝直播可以更立体、真实地展现宝贝，这样更容易获得买家的信任，有利于摆脱单一的靠详情页打动顾客的局限。

3. 缩短曝光时间

淘宝直播可以在短期内增加店铺的关注量以及推广宝贝的收藏和加购量。

4. 提高知名度

淘宝直播有利于后期宝贝的促销以及新品做基础销量，当买家关注店铺后，之后也会收到店铺推送的微淘信息。

卖家如何联系网红进行淘宝直播呢？

1. 网红主页直接私信

卖家可以直接在淘宝手机端的淘宝直播模块选择合适的网红，进入个人主页，私信沟通直播的费用等合作事宜，如图 5-42 所示。

2. 微博私信

一般做淘宝直播的网红都会有自己的微博，卖家通过微博私信联系。

3. 阿里 V 任务

阿里 V 任务是阿里官方任务交易平台，在平台上可以通过大数据获取达人更全面的信息。商家通过发布任务，参考达人的领域、内容、数据和报价，选择合适的淘宝达人进行淘宝直播的合作。

淘宝卖家也可以自己进行直播，策划好直播方案，确定直播主题、推荐产品、活动内容等，提前在微淘和微博进行宣传，吸引更多的粉丝观看直播，毛菇小象卖家直播内容一般是产品相关的介绍、试穿、搭配等，其他类目根据自身情况策划直播主题，比如零食类，可以直播加工现场等。卖家在直播时一定要注重与粉丝的互动，及时答复粉丝问题，利用优惠券、免单等刺激粉丝直接购买。

图 5-42 淘宝达人个人主页

模块二 相关知识

一、微博营销的技巧

（一）定位

要想实现微博的长远商业价值，一个独立领域定位的微博肯定比一个大杂烩的微博走得更远，更易实现商业价值，而且在推广的时候更容易抓住核心的粉丝用户。比如定位美食、宠物、心灵鸡汤、情感、旅行、公知等，每一种定位背后都有天然的商业价值存在。

（二）话题

目前最有效的微博话题，一定是互动话题，让网友有参与感的话题，这样的话题才能实现网友产生内容，挤进微博话题的排行榜。比如免费画头像、免费送故事、免费找对象等，好的互动一旦进入排行榜前 10，每天很容易增加几千甚至过万的粉丝。

（三）热门微博

一般只要不是明显的商业广告，就有机会上热门榜单。上热门榜单有一定的技巧，进入 24 小时榜单难度系数太高，那么就上小时榜，持续关注榜单会发现，上榜的微博一般发布时间靠近整点，发布后在最短的时间内实现阅读量的增加。阅读量数据只有自己的微博可以看到，评论点赞在上榜前贡献值会弱一些，所以有效账号的第一时间转发很重要。

（四）互推

互推是一种有效增加粉丝的方式，是微博账号之间互换粉丝的一个过程。参与互推的同等级账号越多，交换的粉丝就越多，而且内容的互推，可以实现微博内容的有效阅读，为上热门排行榜提供了有效的途径。寻找互推资源，首选 QQ 群，其次是联系与自己相当的账号，建立有效的互推渠道。

（五）带号

想要做好自媒体微博，找大号带小号也是必经之路，比如美食类账号，找美食类的大号推自己的内容，这样精准的转化最有效。这种带号需要资金投入，私信大号谈好价格。如果有足够的资金预算，可以一次性合作多个大号，在同一时间覆盖更多的用户，做到短时间一次性爆发，吸引大量的粉丝。

二、微信朋友圈活跃度运营技巧

微信朋友圈活跃度的提高，最重要的在于提升互动性。一方面营销的内容要具有一定的吸引力，包括内容标题和摘要能够引起好友的关注，使用问答、猜谜等趣味性的方式更容易引起粉丝的好奇心。另一方面增加评论回复的频率也可以提升粉丝的互动积极性，因为有了进一步的评论回复，更能够让好友参与进来，使他们感受到内容发布者是用心参与问题的讨论和分享，从而带动其他粉丝参与。

在朋友圈引入一定的商业模式可以提高活跃度。比如以商品抢购的形式，在朋友圈引入限量限时抢购增加用户的参与度，还可以进行商品竞拍，类似淘宝等商城的购物形式也是一种有效的营销方式，这些商业模式的引入对朋友圈用户的心理会产生相关联的影响，从而促使他们参与到朋友圈的互动中。

在朋友圈利用生活中的素材也可以提高活跃度，更容易让用户参与互动。生活中的点滴创意和琐碎事物如果能够加以利用，在合适的时间和合适的地点发布到微信朋友圈，特别是创意且充满乐趣的事物更能够让微信朋友圈的活跃度极大提升。

综合实训

一、实训概述

本章实训为网店流量导入实训，学生通过本项目的学习，能够掌握多种站外引流方式的策划步骤、实操方法以及分析优化的能力。

二、实训素材

（一）安装有基本办公软件与做图软件的电脑设备
（二）智能手机实训设备

三、实训内容

学生分组，并选出各组组长，以小组为单位进行实训操作。在本实训中，学生以博星卓越职业院校运营技能竞赛平台为实训平台进行网店流量导入。

任务一　微博营销流量导入

教师布置任务，学生在教师所提供的案例背景下，对案例背景进行分析操作。

微博淘宝版	发布多种内容与互动形式的微博

任务二 微信营销流量导入

教师布置任务，学生在教师所提供的案例背景下，对案例背景进行分析操作。

微信订阅号	完成图文排版和自动回复设置
个人朋友圈	利用多种方法增加粉丝与发布不同的朋友圈内容

任务三 利用其他常见方法流量导入

教师布置任务，学生在教师所提供的案例背景下，对案例背景进行分析操作。

淘宝论坛	发表一篇关于时尚套装的促销活动帖子
邮件营销	给客户发一篇新品上架活动信息邮件

四、考核评价

各个小组可以通过本实训的展示，本人完成"自我评价"，本组组长完成"小组评价"内容，教师完成"教师评价"内容。

1. 评价表

评价项目	评价内容	评价标准	评价方式		
			自我评价	小组评价	教师评价
专业能力	任务一：微博营销流量导入（30分）	1. 微博昵称、域名设置是否合理（5分） 2. 是否能够发布多种内容类微博为店铺导流（7分） 3. 是否能够发布多种互动类内容为店铺导流（8分） 4. 能否合理设置橱窗的推荐商品（5分） 5. 能否利用橱窗完成微博内容日常更新（5分）			
	任务二：微信营销流量导入（30分）	1. 公众号的昵称、图片设置是否合理（3分） 2. 图文信息的内容、排版是否合理（6分） 3. 自动回复的设置是否合理（3分） 4. 能否利用多种方式增加微信粉丝（10分） 5. 能否合理发布多种形式的朋友圈内容（8分）			
	任务三：其他常见方法流量导入（30分）	1. 能够独立发布完整的淘宝论坛帖子（10分） 2. 能够独立设计商品信息邮件（10分） 3. 掌握淘宝直播策划的步骤（10分）			
职业素养	1. 责任意识（4分） 2. 学习态度（3分） 3. 团结合作（3分）				
总分					
综合得分	教师根据学生的实训表现进行综合打分，其中自我评价占20%，小组评价占30%，教师评价占50%。				

2. 教师根据各组实训进程及成果展示分别做有的放矢的评价。

（1）找出各组的优点点评；

（2）展示过程中各组的缺点点评，改进方法；

（3）整个实训完成中出现的亮点和不足。

🌱 巩固与提高

一、单选题

1. 微信公众号一天内可群发（　　　）条消息。

    A. 1条　　　　　　　B. 2条　　　　　　　C. 3条　　　　　　　D. 5条

2. 以下（　　　）不属于微信公众号中的自动回复。

    A. 被添加自动回复　　　　　　　　　B. 消息自动回复

    C. 关键词自动回复　　　　　　　　　D. 图片自动回复

3. 以下哪一项不属于（　　　）站外流量导入方法。

    A. 微橱窗　　　　B. 淘宝头条　　　　C. 映客直播　　　　D. 新浪微博淘宝版

4. 以下（　　　）不属于微信公众号中的自动回复。

    A. 被添加自动回复　　　　　　　　　B. 消息自动回复

    C. 关键词自动回复　　　　　　　　　D. 图片自动回复

5. 微橱窗可以设置（　　　）个推荐商品。

    A. 1　　　　　　　B. 3　　　　　　　C. 4　　　　　　　D. 7

6. 新浪微博认证，微博账号关注不少于（　　　）人，拥有不少于（　　　）粉丝。

    A. 20　　　　　　B. 40　　　　　　C. 50　　　　　　D. 100

7. 以下（　　　）不属于微橱窗支持的宝贝信息获取。

    A. 天猫　　　　　B. 微店　　　　　C. 京东　　　　　D. 唯品会

8. 微橱窗必须是（　　　）和（　　　）用户才能使用的功能。

    A. 淘宝卖家　　　　　　　　　　　　B. 认证的橙V

    C. 粉丝超过100的用户　　　　　　　D. 关注超过50的用户

9. 以下（　　　）属于微橱窗描述正确的一项。

    A. 微橱窗支持推荐商品7个

    B. 微橱窗在微博首页设置点击使用

    C. 微橱窗试用版可以无限制添加商品

    D. 微橱窗支持天猫和淘宝链接，自动获取信息

10. 以下不属于微信公众号中的一项描述是（　　　）。

    A. 微信公众号支持跳转淘宝网店链接

    B. 微信公众号不需要认证即可开通使用

    C. 微信公众号支持自动回复功能

    D. 微信公众号和订阅号没有区别

二、简答题

1. 新浪微博淘宝版中一般发布哪几种网店微博内容?
2. 微橱窗的支持网店信息添加方式有哪些?

三、论述题

1. 简述卖家利用微博淘宝版可以发布哪些形式的内容。
2. 简述如何设置微信公众号自动回复功能。

四、操作题

1. 在微橱窗后台新建和设置淘宝网店宝贝展示。
2. 在微信公众号后台设置自动回复功能。

网店数据分析

卖家在经营网店的过程中可以借助网络营销，拥有庞大用户群体，这个优势同时拥有了支撑网店发展的基础。互联网的另一个优势是卖家可以通过互联网获得很多有关网店经营的数据，这些数据是非常重要的，卖家可以通过分析这些数据，清楚了解网店目标人群的需求，利用数据做好规划才能给网店做好定位和决策。所以利用这些数据进行有效的数据分析，是网店经营成功的垫脚石。

学习目标

知识目标

1. 了解淘宝数据分析相关知识；
2. 理解数据分析对网店的作用；
3. 掌握数据分析的基本方法。

能力目标

1. 具备流量来源数据分析的能力；
2. 具备销售数据分析的能力；
3. 培养掌握生意参谋使用方法的能力；
4. 培养独立完成网店数据分析的能力。

模块一 任务分解

大数据时代，数据是数据产品的内核，没有数据的产品只是产品，有形无神，更无法成为赋能用户的数据标杆，无法"可深度发展"；没有产品的数据只是数据，对用户来说应用门槛太高，难以"可持续发展"。因此，数据产品就是要结合数据和产品的力量，赋能商家。

首先要了解为什么要做数据分析，做数据分析对网店有什么好处。明确做数据分析方法的目的以及思路，提取对网店有用的信息加以研究，从而提高产品的排名。

☑ 任务一　流量来源数据分析

数据分析是指用适当的统计分析方法对收集来的大量的第一手资料进行分析，以求最大化地开发数据资料的功能，发挥数据的作用，提取有用的信息和形成结论，从而对数据加以详细研究和概括总结的过程。

淘宝卖家通过数据分析，能将整个网店的运营建立在科学分析的基础之上，将各种指标定性、定量地分析出来，从而为网店提供最准确的参考依据。

一、数据分析工具

生意参谋是淘宝网店数据分析常用到的工具，生意参谋分别整合量子恒道、数据魔方，最终升级成为阿里巴巴商家端统一的数据产品平台。

2016 年，生意参谋累计服务商家超 2000 万，月服务商家超 500 万；月成交额在 30 万元以上的商家中，逾 90%在使用生意参谋；月成交金额在 100 万元以上的商家中，逾 90%每月登录生意参谋天次达 20 次以上。

（一）生意参谋的优势

（1）解决数据之间存在不一致性，降低了卖家看数据的门槛。

（2）数据简单易懂。生意参谋提供给卖家统一的数据，让数据呈现简单易懂。

（3）提供更全面的数据。卖家关注的数据往往来源于多个渠道，不同渠道的数据能否很好地集成在同个平台上，也是至关重要，而生意参谋可以给卖家提供多维度的数据。

基于阿里巴巴全域数据资产层，以及陆续整合量子恒道、数据魔方等的基础上加以增值创新，生意参谋已经逐步升级为卖家端统一数据产品平台。通过生意参谋，卖家可以看到口径标准统一、计算全面准确的网店数据和行业数据，为商务决策提供参谋。

（二）生意参谋的数据分析功能

1. 市场行情

生意参谋中的市场行情数据分析中，分为专业版和标准版，使用时需要单独付费。行业情形可以清楚地看到一些网店的流量指数，同时也清楚地知道行业的产品交易数据，可以看到哪款产品的交易指数是多少，也可以看到行业热门的搜索词，如图 6-1 所示。

2. 经营分析

在生意参谋中的经营概况中，卖家可以看到网店的访客数、浏览量、支付金额、支付转化率、客单价、退款金额和服务态度评分等数据，对于前一天和上周同期的情况给出一个分析数据。如果某些数据出现异常，卖家就要第一时间去网店优化那些数据，如果是比较小的数据波动可以不去优化，数据波动太大的话，就需要去做调整了，如图 6-2 所示。

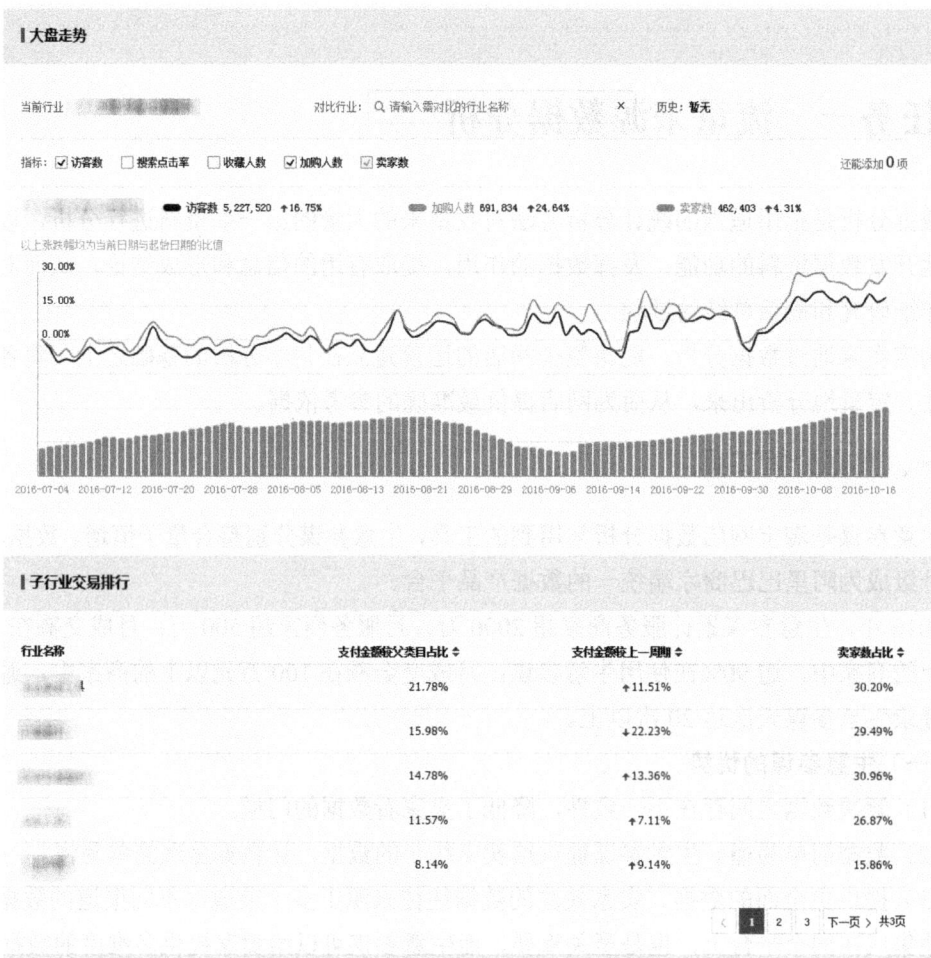

图 6-1　生意参谋行业情况大盘走势专业版

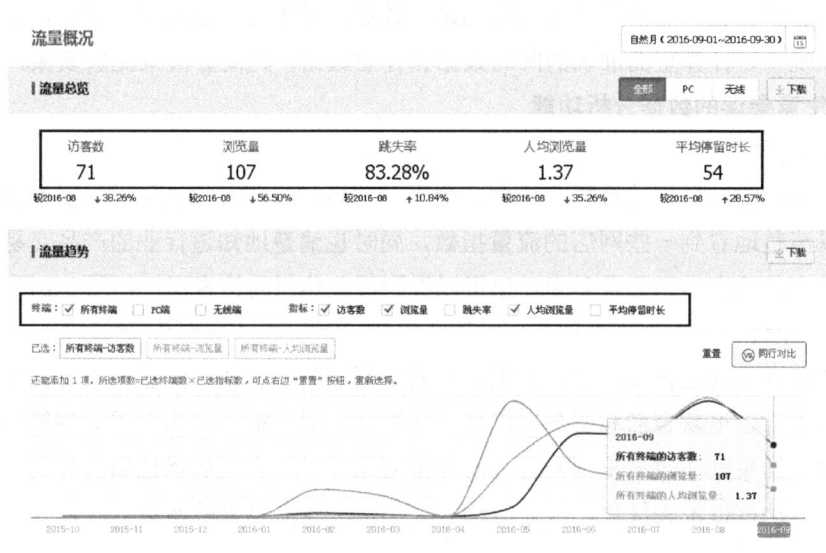

图 6-2　生意参谋经营分析流量概况分析图

3. 交易分析

生意参谋中的交易趋势，对卖家帮助很大，提供交易总览、交易趋势、交易构成等网店交易的相关数据。如图 6-3 所示，卖家可以看到访客数量、下单的买家数、支付金额、下单转化率、支付转化率。

图6-3　生意参谋交易总览数据分析

4. 自助取数

卖家可以根据不同的维度，选取想要分析的数据指标，进行自由选择和组合，根据不同的显示结果，优化网店内部信息，如图6-4所示。

图6-4　生意参谋自助取数界面展示

二、流量来源数据分析

目前比较常见的流量来源有活动流量、搜索流量、直接点击流量、硬广或钻展流量、直通车流量、淘宝客流量等。淘宝网店一般比较合理的流量比例是，自然流量35%～50%、直接点击流量15%～20%、直通车流量35%～40%、淘宝客流量5%～10%，其他少到忽略不计。这里没有包含钻展、硬广、活动流量，因为这些使用的不多，也没有固定的频率，暂不统计（比较大的卖家会占到一定的比例）。

（一）流量概况分析

流量概况是网店整体流量情况的概貌，能够帮助卖家了解网店整体的流量规模、质量、结构，并了解流量的变化趋势。进入卖家中心，单击应用"生意参谋"，如图6-5所示。选择"流量概况"，可以看到当天的流量总情况，包括访客数、浏览量、跳失率、人均浏览量和平均停留时间。也可以自定义查询的时间，查看以前的流量数据，如图6-6所示。

图6-5 进入"生意参谋"应用

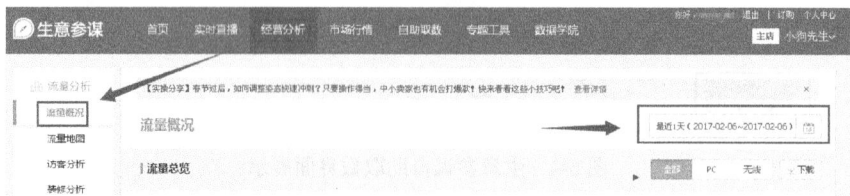

图6-6 网店流量总览

从流量总的概况可以知道网店的浏览量、访客数多少及其变化。从跳失率、人均浏览量、人均停留时长，了解入店访客的质量高低。从流量的付费免费结构、新老访客结构、PD端无线终端结构，了解网店流量的整体布局，可以查看同行同一时间段的流量情况，进行数据对比分析，如图6-7和图6-8所示。

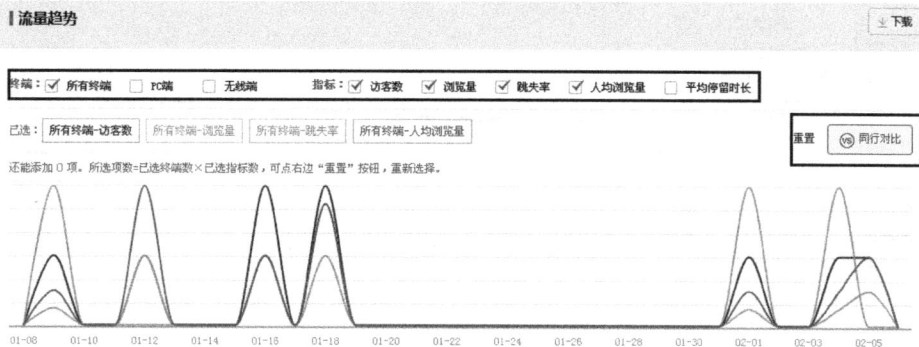

图 6-7　流量趋势

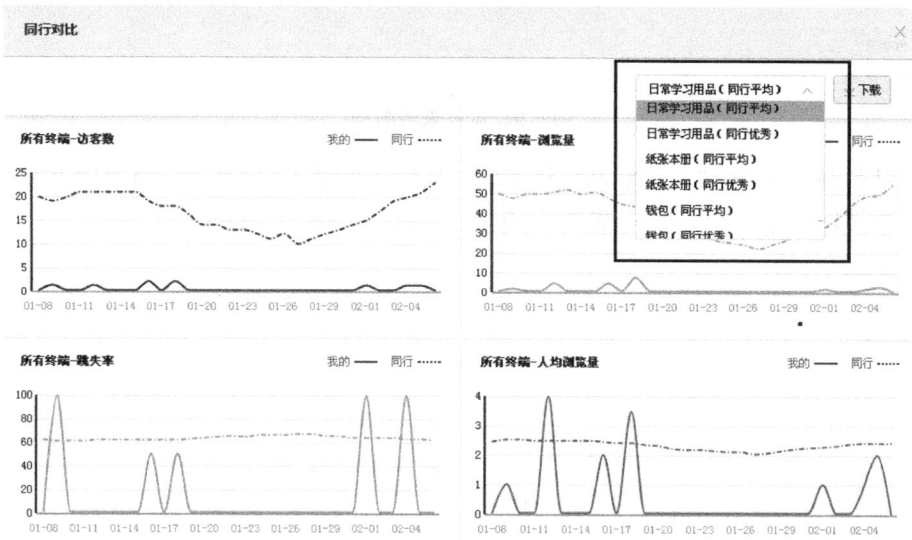

图 6-8　同行数据对比分析

网站流量比较重要的 KPI 指标有浏览量、访问量、独立访客数、跳失率、转化率、页面停留时间、访问页面数、流量来源、流量来源 ROI，等等。通过这些数据可以全面地反映网站的整体情况，其中跳失率可以用来衡量页面的质量，流量来源及转化率可以衡量市场及营销的工作情况。进行网站数据分析的时候，重点把握转化率这一指标，然后由这一指标的变化来寻找其他相关数据的变化，最终找出原因，做相对应的策略，改进网店的数据分析工作。

（二）流量地图分析

流量地图旨在帮助卖家看清网店的流量入店来源、入店后在店内的流转路径、流量从网店出去后的去向。流量地图的分析使用，可以针对 PC 端和无线两个终端切换，如图 6-9 所示。

验证引流策略是否奏效、各渠道引入流量的转化优劣、发现潜在的高转化流量渠道，从而指导卖家进一步调整引流策略。关注流量的上升和下跌的渠道，细看具体上升和下跌的主要明细渠道。验证引流策略是否起效和合适，确定是否调整引流方式。关注各个渠道的转化率，扩大高转化渠道的流量引入。

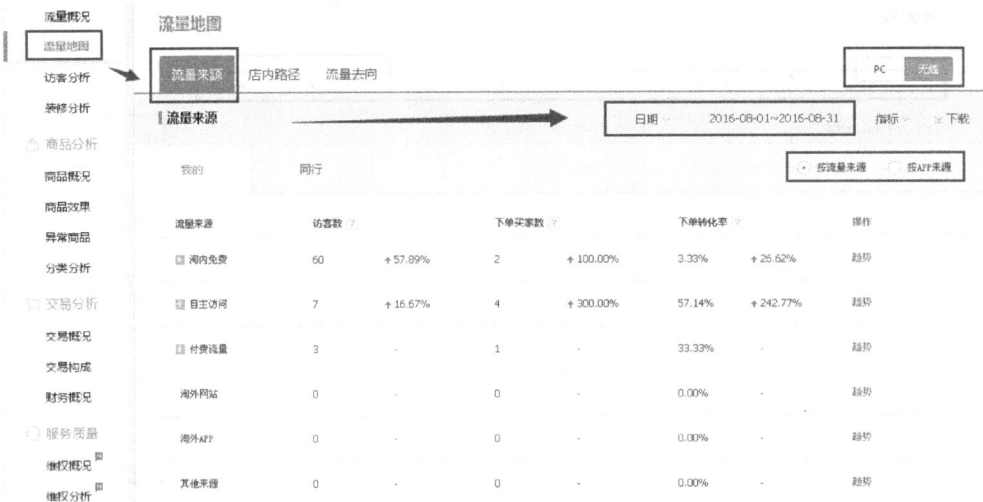

图 6-9　流量来源数据

关注同行的引流模式，了解高流量渠道、高转化渠道、卖家网店尚未覆盖的流量渠道（高流量高转化渠道优先拓展），如图 6-10 所示。

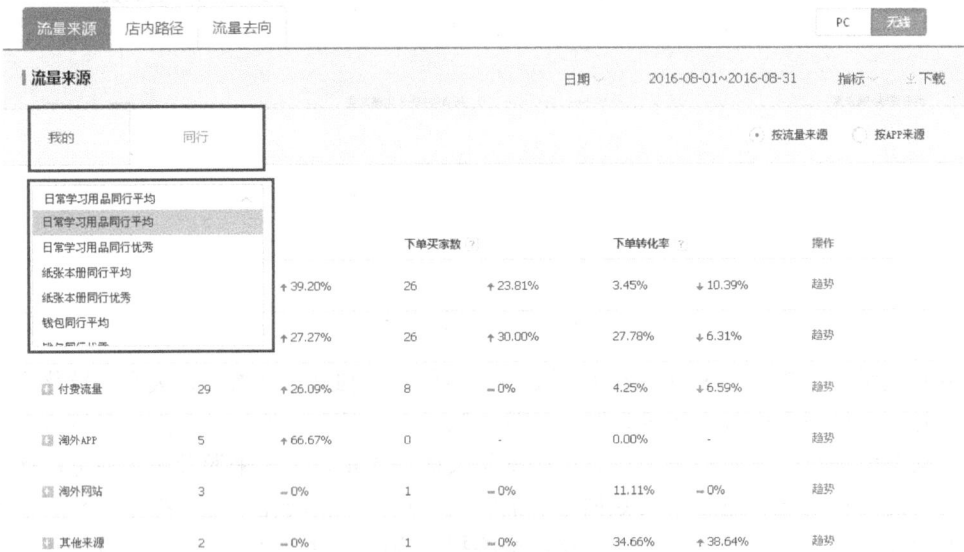

图 6-10　同行卖家流量来源数据

查看店内各类页面的入口访客和跳出率，关注高引流的页面的跳出情况。将低跳出的入口页面作为引流入口的权重加大。修改或调整高跳出的入口页面，降低其作为引流入口的权重。无线端分析思路类似 PC 端，但是可以根据不同的 APP 针对性地分析查看，如图 6-11 所示。

店内流量的流转情况反映的是店内流量流转的通畅度。不同的店内页面，需要关注的流转路径有所差异，如图 6-12 所示。

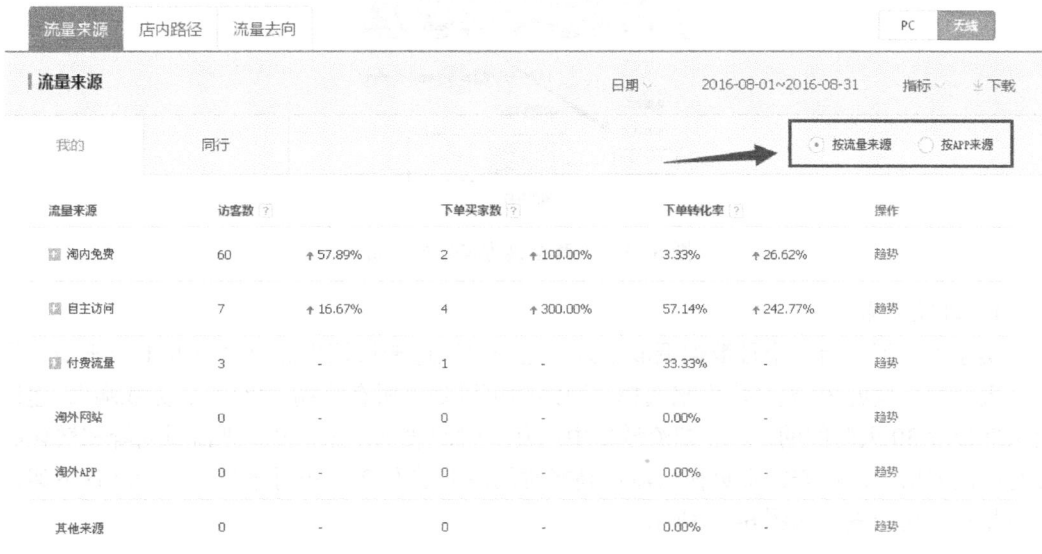

图 6-11　无线端流量来源数据

图 6-12　店内路径流量

1. 首页

关注去向商品详情页和去向分类页的比例结构。关注首页引导至自定义活动页面的流量，验证效果。

2. 宝贝详情页

关注去向宝贝详情页的流量比例，衡量宝贝之间流量流转是否通畅。

3. 网店自定义页

关注去向宝贝详情页的流量比例，衡量活动对商品流量导入的有效性。

（三）访客分析

访客分析里面有一个卖家都比较常问的问题是网店宝贝上下架时间的安排，如图 6-13 所示。

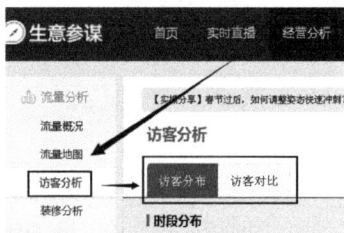

图 6-13　生意参谋访客分析界面

1. 时段分布

卖家可以把网店一个月数据调取出来，这个可以选择日期里面分"最近 1 天平均、最近 7 天平均、最近 30 天平均"来选择，而终端可以是"所有终端、PC 端、无线端"。建议卖家看最近 30 天时间的，之后把流量集中的几个时间段列出来，分别把流量高峰和转化高峰时间段列出，之后安排宝贝在这流量高峰时间段的前面 2 个小时下架，因为准备下架，排名相对会高一些，如图 6-14 所示。

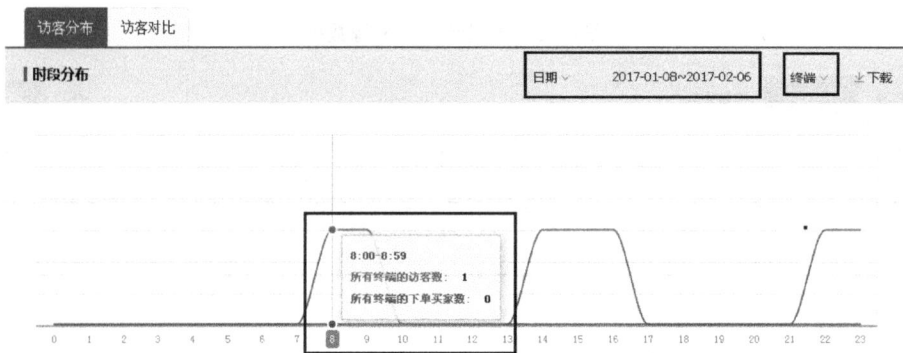

图 6-14　最近 30 天访客分布数据

2. 地域分布

一般网店比较常用到的推广工具有直通车、钻展，因为这个数据是网店最真实的数据。日期里面分"最近 1 天平均、最近 7 天平均、最近 30 天平均"来选择，而终端可以分"所有终端、PC 端、无线端"，如图 6-15 所示。当网店推广转化率低了的时候可以根据这个地域分布去筛选网店做推广的地域，这样会非常有效地提高转化率。

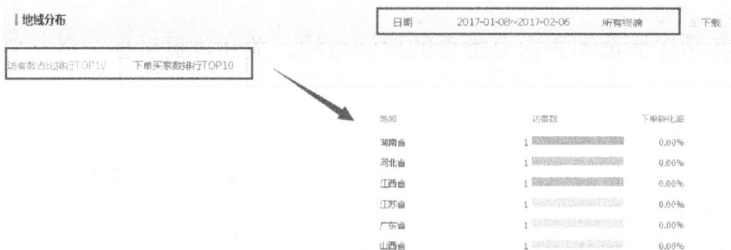

图 6-15　地域分布

3. 特征分布

一般卖家用的比较少，通常辅助其他流量数据进行分析，如图 6-16 所示。

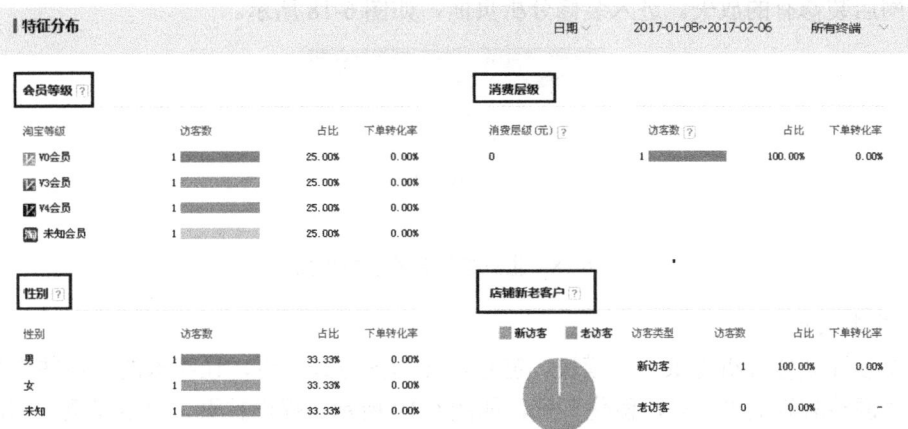

图 6-16 买家特征分布数据

（1）会员等级

从这里可以看出网店消费者是什么等级，越资深的代表网购数量越多，购物时会考虑得比较全面，会判断网店商品质量是否高，评价是否真实，还会对比较多的卖家，等等。

（2）消费层级

消费层级是计算消费者之前的购买能力，说明网店引流是否精准。

（3）性别

这个统筹卖家会非常清楚。如果是中性的，那就要考虑商品详情页是否能满足不同人的观点。男性购物比较快，所以评价对其是重要参考；女性比较感性，详情页可以增加情感内容。

（4）网店新老客户

当然老客户越多越好，老客户会很大程度上提高网店的转化率。

4. 行为分布

第一个是来源关键词，通过这个基本可以判断网店的核心词；日期选择为 30 天平均，这样会更加准确，如图 6-17 所示。选择之后，出来的关键词基本是网店引流最重要的几个关键词，需要重点维护。关键词代表客户的需求，所以必须满足，只有满足消费者才会提高网店转化率。如果买家都是看一个页面就离开了，则需要增加页面的关联性，还可以让客服引导，增加浏览页面，这样有助于提高转化率。

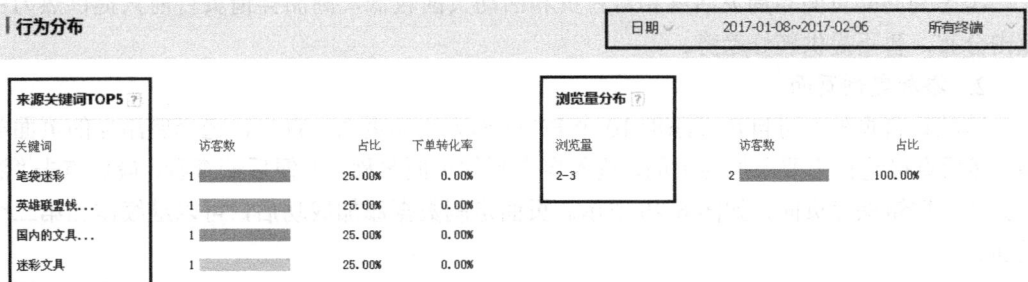

图 6-17 买家行为分布数据

（四）装修分析

生意参谋装修分析，是指导网店装修的重要数据之一。用数据表达买家真实的喜好，让卖家网店装修有的放矢。进入装修分析页面，如图6-18所示。

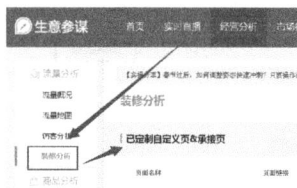

图6-18　生意参谋装修分析界面

1.　定制页面

生意参谋装修分析提供了按模块、链接、热力图方式分析，让买家的关注热点尽收眼底，及时调整装修效果，轻松留住买家，如图6-19所示。提供首页、自定义页、商品详情页，更多页面数据让卖家全盘掌握全店及单品的装修效果。装修分析是生意参谋平台中的高级功能，有部分是需要付费才能使用的。

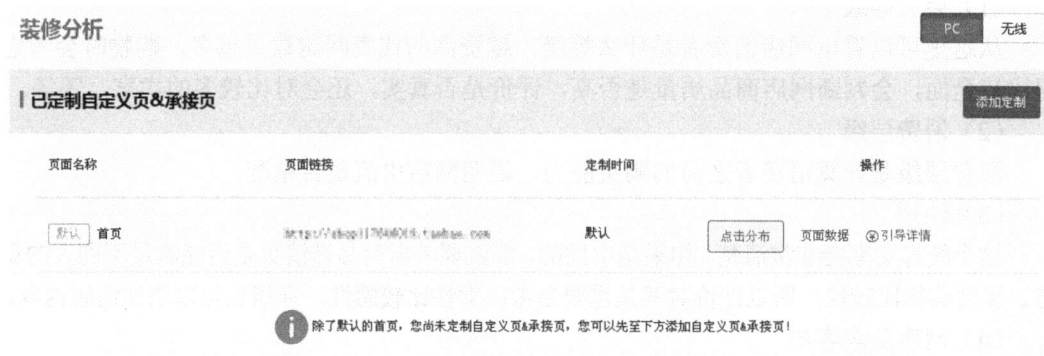

图6-19　已定制自定义页面和承接页面

（1）首页是默认可见页面，自定义页面和商品详情页需要卖家自行定制，其中商品详情页为付费功能；

（2）定制成功的页面，可以在已经定制的列表中查看；

（3）如果需要调整定制的页面，可以点击删除，然后再重新定制其他页面；

（4）对于当天定制的页面，点击分布功能于次日可以查看。

考虑到商品页面布局灵活度相对首页和活动页面较低，商品详情页目前只提供热力图点击分布，暂不提供装修趋势。

2.　添加定制页面

除默认首页外，可自定义添加10个PC端和无线端页面。首先，选择要添加的页面类型，然后直接选择需要添加的页面，输入自定制的页面名称，方便后期查看，最后点击"添加完成"按钮保存页面，如图6-20所示。页面定制数据添加成功后，可以继续添加第二个页面。

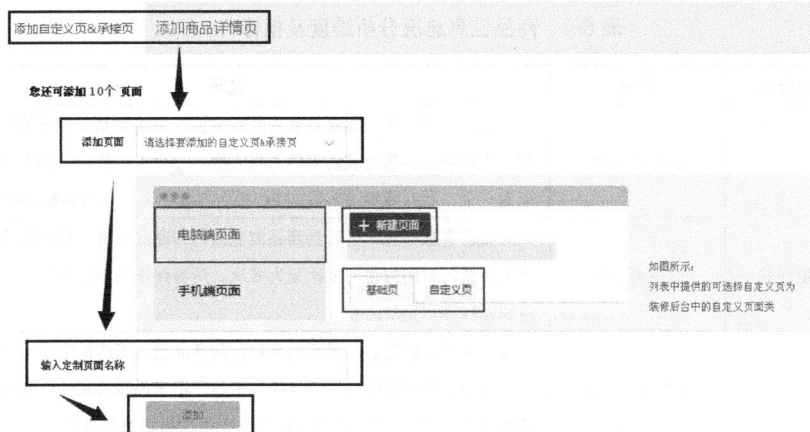

图 6-20　添加定制页面

☑ 任务二　销售数据分析

店铺生意参谋反馈的商品分析，包括商品概况、商品效果、异常商品、分类分析，其次是交易分析，包括了交易概况和交易构成。通过这六个方面的内容具体分析店铺的销售数据。

一、商品分析

只有做好了商品分析，才能清楚店铺引流来源的访客质量、关键词的转化效果、来源商品贡献，清楚引流的来源效果。同时可以了解店铺 TOP 来源情况，明确最核心的引流渠道。通过了解访客的去向可以分析该商品的转化情况，了解访客是否流失，是否能为其他商品引流，等等。这些数据可以为卖家更好地运营店铺提供有力参考和借鉴。下面详细介绍分析的数据和方法。

（一）商品概况

从生意参谋的商品信息总况、商品销售趋势、商品排行概览等，可以让卖家了解店铺所有商品情况，而且数据解读可以发现商品问题，获取解决方案。

商品信息总况，从流量相关、访问质量、转化效果三个维度来看店铺商品数据，如图 6-21、表 6-1 所示。在时间周期上提供了最近 1 天、最近 7 天、最近 30 天以及自然日、自然月的时间选项，并且可以按所有终端、PC 端、无线端这些不同终端来详细分析。

图 6-21　商品信息总况

表 6-1　商品信息总况分析维度及指标

序号	分析维度	指标	说明
1	流量相关	商品访客数	卖家通过点击生意参谋界面的经营分析，点击商品分析下的商品概况，即可查看商品详情页被访问的去重人数，一个人在统计时间内访问多次只记为一个。所有终端访客数为 PC 端访客数和无线端访客数直接相加之和
2		商品浏览量	商品访客数旁边即可看到商品浏览量，即商品详情页被访问的次数，一个人在统计时间内访问多次记为多次。所有终端的浏览量等于 PC 端浏览量和无线端浏览量之和
3		被访问商品数	商品浏览量的旁边所显示的是被访问商品数，即店铺中所有商品（包含下架商品）有被访问过的商品的去重数，用于提醒卖家注意商品详情页浏览的合理利用。所有终端是 PC 端与无线端被访商品去重
4	访问质量	平均停留时长	平均停留时长指的是每个商品详情页根据每个 PV 的停留时长，计算每个商品详情页的平均停留时长，在对多个商品详情页的停留时长进行分析计算时，可以用总时长/所有 PV 的商品详情页页面数得出平均停留时长
5		详情页跳出率	商品概况界面同样也可以查到详情页跳出率，该数值是指在统计时间内，店铺的访客在详情页中没有发生点击行为的人数/访客数，即单击详情页人数/详情页访客数的结果。该数值越低越好
6	转化效果	加购件数	加购件数是指，在统计时间内，店铺访客将商品加入购物车的商品的件数的总和
7		支付件数	支付件数是指，在统计时间内，买家完成支付的商品数量，如果某人出售文具，包括钢笔 20 支、铅笔 14 支，那么支付件数就为 34 支
8		异常商品数	生意参谋中的异常商品数是指店铺所有终端在截至当日中有出现"支付转化率低""支付下跌""流量下跌""高跳出率""零支付""低库存"异常的商品去重数，将指标只计算最近 1 天所有终端的数量
9		商品收藏次数	商品收藏次数是指，在统计时间内，商品被来访者收藏的总次数，一件商品被同一个人收藏多次记为多次

商品销售趋势可分别从下单转化率、下单支付转化率、支付转化率等 9 个指标进行分析，详见表 6-2。

表 6-2　商品销售趋势

序号	指标	说明
1	下单转化率	通过生意参谋里商品概况下的商品销售趋势界面查看，下单转化率是指在统计时间内，下单买家数/访客数，即来访客户转化为下单买家的比例，如图 6-22 所示
2	下单支付转化率	同样，通过商品销售趋势可看查下单支付转化率，该数值是指统计时间内，下单且支付的买家数/下单买家数，即统计时间内下单买家中完成支付的比例，如图 6-23 所示
3	支付转化率	通过商品销售趋势模块可以查看实时的支付转化率，即统计时间内，支付买家数/访客数，即来访客户转化为支付买家的比例，如图 6-24 所示
4	下单金额	下单金额，是指在统计时间内，商品被买家拍下的累计金额，如图 6-25 所示
5	下单件数	下单件数，是指在统计时间内，商品被买家拍下的累计件数，如图 6-26 所示
6	下单买家数	下单买家数，是指在统计时间内，拍下商品的去重买家人数，如图 6-27 所示

序号	指标	说明
7	支付金额	支付金额是指买家拍下后通过支付宝支付给卖家的金额,未剔除事后退款金额,预售阶段付款在付清当天才计入内。所有终端的支付金额为 PC 端支付金额和无线端支付金额之和。支付渠道不论是电脑上还是手机上,拍下为电脑上,就将后续的支付金额计入 PC 端;拍下为手机或 Pad 上,就将后续的支付金额计入无线端,在商品销售趋势这里可以看到支付金额的总体走势,如图 6-28 所示
8	支付买家数	统计时间内,完成支付的去重买家人数,预售分阶段付款在付清当天才计入内;所有终端支付买家数为 PC 端和无线端支付买家去重人数,即统计时间内在 PC 端和无线端都对商品完成支付,买家数记为 1 个。特别说明,不论支付渠道是电脑还是手机,拍下为电脑上,就将该买家数计入 PC 端支付买家数;拍下为手机或 Pad 上,就将该买家数计入无线端支付买家数,在商品销售趋势这里可以看到支付买家数的总体走势,如图 6-29 所示
9	访客平均价值	在商品销售趋势下可以查看访客平均价值,该数值是指在统计时间内的支付金额/访客数,即平均每个访客可能带来的支付金额,建议参考此指标控制流量引入成本,如图 6-30 所示

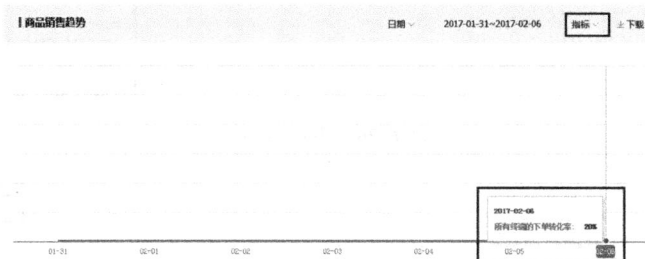

图 6-22　下单转化率

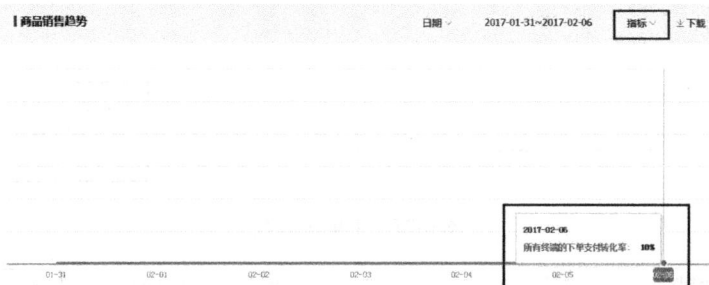

图 6-23　下单支付转化率

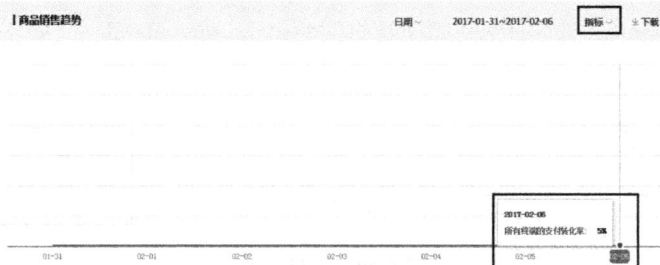

图 6-24　支付转化率

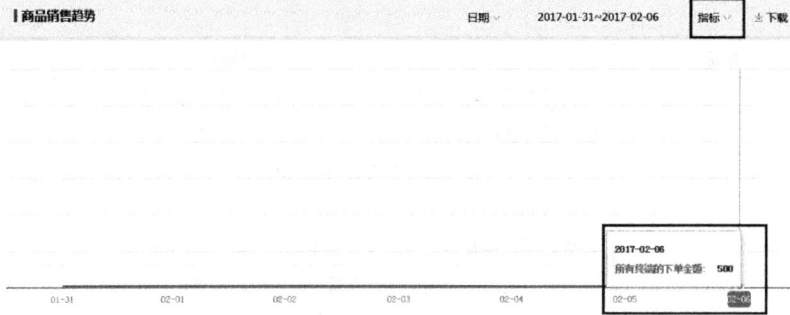

图 6-25　下单金额

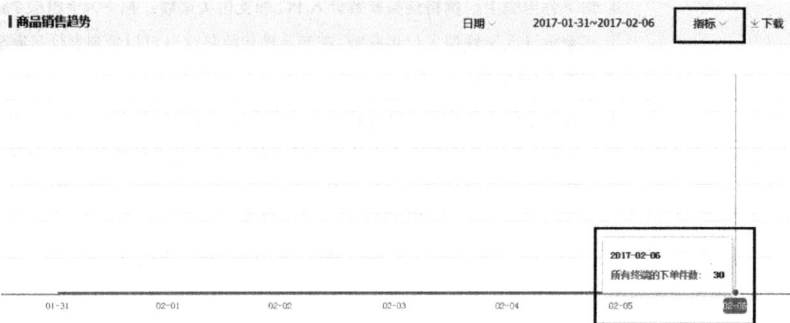

图 6-26　下单件数

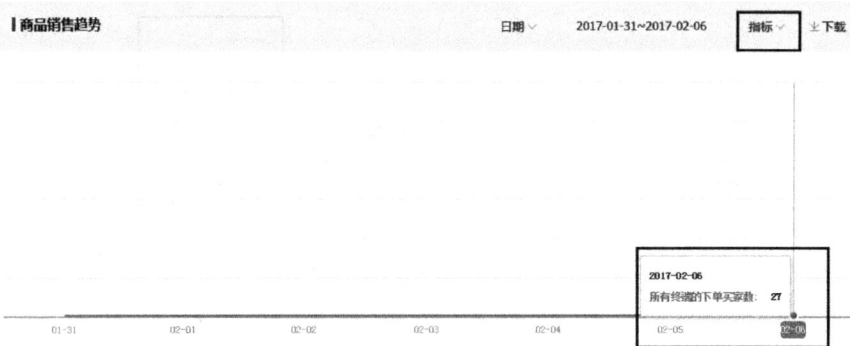

图 6-27　下单买家数

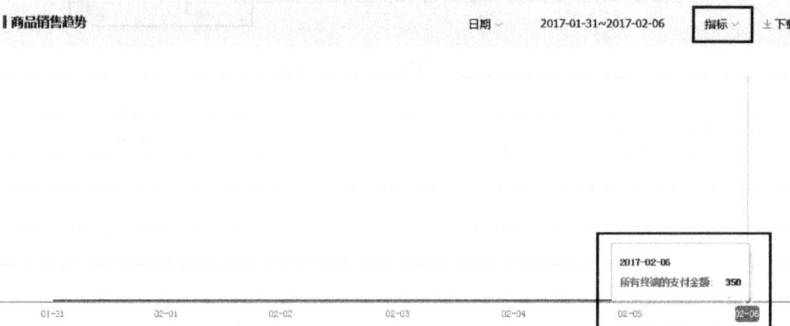

图 6-28　支付金额

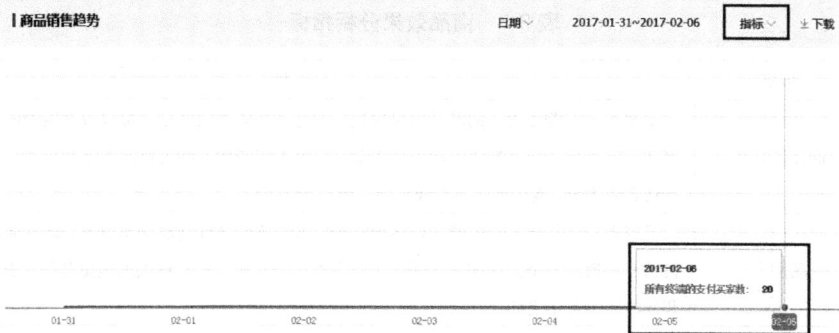

图 6-29　支付买家数

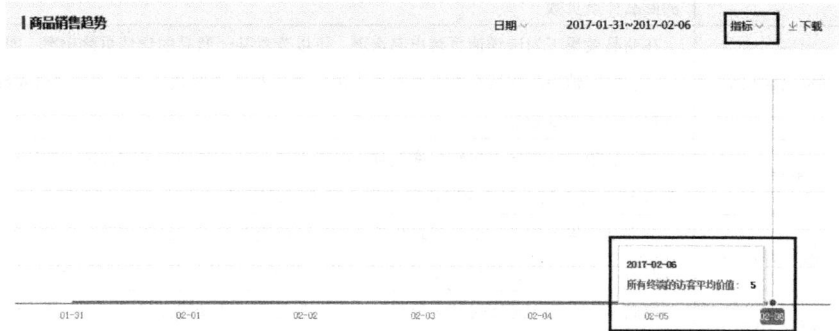

图 6-30　访客平均价值

（二）商品效果

通过生意参谋的商品效果选项，可以浏览到全店所有商品的详细数据，包括已发布在线的所有商品以及 30 天已下架，但有数据的商品信息。如果店铺商品实在太多，已提供按自定义分类（旺铺装修分类）和商品类目（发布商品时所选类目）进行筛选，或者输入单个商品名称或 ID 查看。并提供按访客数排名 Top1000 的商品数下载。商品效果提供最近 1 天、最近 7 天、最近 30 天以及自然日的时间选项，目前暂时无法支持自然月数据，如图 6-31 所示。

图 6-31　商品效果选项

商品效果分析指标详见表 6-3。

表 6-3 商品效果分析指标

序号	指标	说明
1	商品访客数	卖家点击生意参谋下的商品效果模块,勾选商品访客数选项,可以查看店铺的某一商品访客数,即商品详情页被访问的去重人数,一个人在统计时间内访问多次只记为一个。所有终端访客数为 PC 端访客数和无线端访客数相加去重
2	商品浏览量	卖家在商品效果下勾选商品访客数选项,可以查看某件商品的浏览量,即该商品详情页的被访问次数,一个人在统计时间内访问多次记为多次。所有终端的浏览量等于 PC 端浏览量和无线端浏览量之和
3	平均停留时长	在商品效果下勾选平均停留时长选项,可以查看某一商品的平均停留时长,即该商品详情页每次被浏览的平均时长,时间单位为秒,多个商品详情页的平均停留时长为总时长/有浏览的商品详情页数
4	详情页跳出率	在商品效果下勾选详情页跳出率选项,可以查看某一商品的详情页跳出率,即在统计时间内,访客在该商品详情页中没有发生点击行为的人数/访客数,即单击详情页人数/详情页访客数。该值越低越好
5	下单转化率	在商品效果下勾选下单转化率选项,可以查看某一商品的下单转化率,即统计时间内,下单买家数/访客数,即来访客户转化为下单买家的比例
6	下单支付转化率	在商品效果下勾选下单支付转化率选项,可以查看某一商品的下单支付转化率,即在统计时间内,下单且支付的买家数/下单买家数,即统计时间内下单买家中完成支付的比例
7	支付转化率	在商品效果下勾选支付转化率选项,可以查看某一商品的支付转化率,统计时间内,支付买家数/访客数,即来访客户转化为支付买家的比例
8	下单金额	在商品效果下勾选下单金额选项,可以查看某一商品的下单金额,即在统计时间,商品被买家拍下的累计金额
9	下单买家数	在商品效果下勾选下单买家数选项,可以查看相关数值,即在统计时间内,拍下商品的去重买家人数
10	支付件数	在商品效果下勾选支付件数选项,可以查看买家已经支付的商品件数,让卖家更加详细地了解该商品的支付情况
11	支付买家数	在商品效果下勾选支付买家数选项,可以查看某一商品的支付买家数,让卖家更加详细地了解买家的购买与支付情况
12	访客平均价值	在商品效果下勾选访客平均价值选项,可以查看某一商品的访客平均价值,让卖家能够参考此指标控制流量引入成本
13	客单价	在商品效果下勾选客单价选项,可以查看某一商品的客单价的详细情况,即在统计时间内,支付金额/支付买家数,即支付客单价
14	点击次数	在商品效果下勾选点击次数选项,可以查看某一商品的点击次数,即在统计时间内,商品在搜索被展现后,被用户点击的次数
15	曝光量	在商品效果下勾选曝光量选项,可以查看某一商品的曝光量,在统计时间内,该商品在淘宝和天猫搜索主数据区域被展现的次数。目前暂时只提供 PC 端曝光量,当用户选择所有终端和无线端时,界面显示为"暂无数据"。因曝光量较大,只在商品访客数>0 时进行统计
16	点击次数	在商品效果下勾选点击次数选项,可以查看某一商品的点击次数,即在统计时间内,商品在搜索被展现后,被用户点击的次数
17	点击率	在商品效果下勾选点击率选项,可以查看某一商品的点击率,即统计时间内,商品在搜索后被点击的比率;即点击次数/曝光量

续表

序号	指标	说明
18	搜索引导的访客数	在商品效果下勾选搜索引导的访客数选项，可以查看相关数值，即在统计时间内，由全网搜索直接引导至商品详情页的访客数
19	搜索支付转化率	在商品效果模块下勾选搜索支付转化率选项，可以查看某一商品的搜索支付转化率，即在统计时间内，由全网搜索直接引导访客数除以支付买家数；访客数作为分母、支付买家数作为分子
20	搜索引导支付买家数	在商品效果模块下勾选搜索引导买家数选项，可以查看相关数值，即在统计时间内，由全网搜索直接引导至商品详情页的买家数
21	售中售后成功退款金额	在商品效果下勾选售中售后成功退款金额选项，可以查看相关数值，即在统计时间内，售中售后成功退款金额数
22	售中售后成功退款笔数	在商品效果下勾选售中售后成功退款笔数选项，可以查看相关数值，即在统计时间内，售中售后成功退款笔数

（三）异常商品

如果想知道每天店铺哪些商品流量下跌很严重，哪些商品支付转化率过低，哪些商品成交量突然下跌了，哪些商品没有成交量，哪些商品要补库存等需要使用生意参谋的"异常商品"功能，系统自动帮卖家找出每日问题商品，并提供相关的优化建议。

1. 流量下跌商品

通过生意参谋的商品分析下的异常商品选项可以查看流量下跌商品的相关信息，如图 6-32 所示，最近 7 天浏览量较上一个周期 7 天下跌 50% 以上。

图 6-32　流量下跌商品

2. 支付转化率低商品

通过异常商品界面也可以查看支付转化率低的商品信息，如图 6-33 所示，支付转化率（支付买家数/商品访客数）表示低于同类商品平均水平。

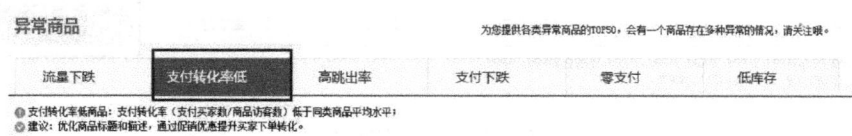

图 6-33　支付转化率低商品

3. 高跳出率商品

另一种异常商品情况是高跳出率商品，跳出率是指商品的浏览量中，没有进一步访问店铺其他页面的浏览量占比，高跳出率商品是指跳出率高于同类商品平均水平，如图 6-34 所示。

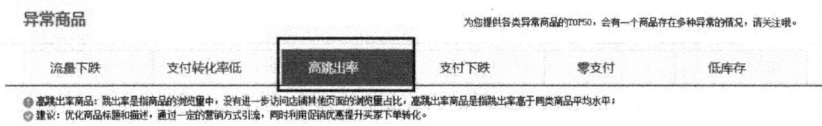

图 6-34 高跳出率商品

4. 支付下跌商品

卖家在异常商品栏目下也可查询支付下跌商品的相关情况，如图 6-35 所示，最近 7 天支付金额较上一个周期 7 天下跌 30%以上，通过了解支付下跌商品，可以对网店销售策略进行及时调整。

图 6-35 支付下跌商品

5. 零支付商品

零支付商品表示 90 天前首发布的，且最近 7 天内容没有产生任何销量，不会进入搜索索引的商品，如图 6-36 所示，这时卖家就需要考虑是否下架该商品，让销售情况更好的商品上架。

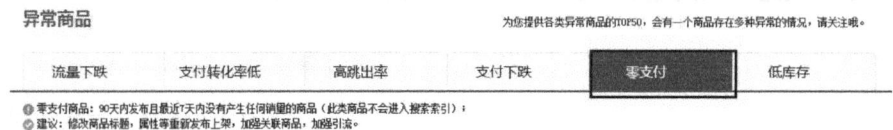

图 6-36 零支付商品

6. 低库存商品

低库存商品表示最近 7 天，加购件数>昨日库存量×80%的商品，如图 6-37 所示，卖家在了解低库存商品后，需要及时进货，保证该商品保持合理的库存量。

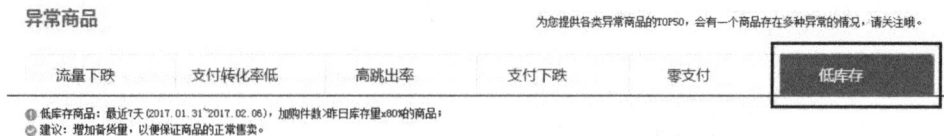

图 6-37 低库存商品

（四）分类分析

小狗先生的店主在生意参谋后台看到，分类分析提供按自定义分类（旺铺装修分类）和商品类目（发布商品时所选类目）进行分析，帮卖家清楚了解每个类的访客数、加购件数、下单转化率，分析整个店铺商品分类是否合理。

1. 商品数

在生意参谋商品分析栏目下单击分类分析，可以查看和分析自定义分类的商品数，在统计时间内，每项分类的对应的在线商品去重数，针对所有终端，如图 6-38 所示。

分类分析

商品分类引导转化	
自定义分类	商品类目

自定义类别	商品数
▦ 便利の包包	20
▦ 日常文具	25
▦ 日常の本本	16

图 6-38 商品数

2. 自定义分类访客数

同样，在自定义分类下，也可以分析自定义分类的访客数，指在统计时间内，各自定义分类页面被访问的访客去重人数，只能针对所有终端统计，如图 6-39 所示。

访客数 ⇕
15
12
13

图 6-39 自定义分类访客数

3. 商品类目访客数

单击分类分析下的商品类目选项，可以查看商品类目访客数，即统计时间内，各商品类目所归属的商品的对应访客去重人数，只针对所有终端，如图 6-40 所示。

分类分析

商品分类引导转化		
自定义分类	商品类目	

商品类别	商品数	访客数 ⇕
▦ 胶片相机配件	35	23
▦ 餐具	25	14
▦ USB电脑周边	54	17

图 6-40 商品类目访客数

4. 引导点击转化率

单击自定义分类，可查看不同类型商品的引导点击转化率，即在统计时间内，访问分类页的人数中，后续有点击访问商品详情页的访客占比，如图 6-41 所示。

引导点击转化率
20.00%
14.00%
11.00%

图 6-41　引导点击转化率

5. 引导支付转化率

单击自定义分类，了解不同类型商品的引导支付转化率，即统计时间内，访问分类页的人数中，后续点击访问商品详情并最终拍下付款的买家数占比，如图 6-42 所示。

引导支付转化率
10.00%
7.00%
4.00%

图 6-42　引导支付转化率

6. 加购件数

在商品类目下，可查看统计时间内，商品类目所归属的商品被新增加入购物车的商品件数，如图 6-43 所示。

加购件数
20
40
35

图 6-43 加购件数

7. 下单转化率

同样，在商品类目选项下，可以了解统计时间内，商品类目所归属的商品的总下单买家数/总访客数，用户评估商品类目下单转化效果，提供合理调整店铺的商品类目构成作依据，如图 6-44 所示。

下单转化率
10.00%
4.00%
7.00%

图 6-44　下单转化率

在商品分析中，还可以进入专题工具“商品温度计”，如图 6-45 所示，可以查看离开店铺、直接转化和间接转化的数据，卖家可以通过这些数据来拆分商品转化的考量维度，如图 6-46 所示。

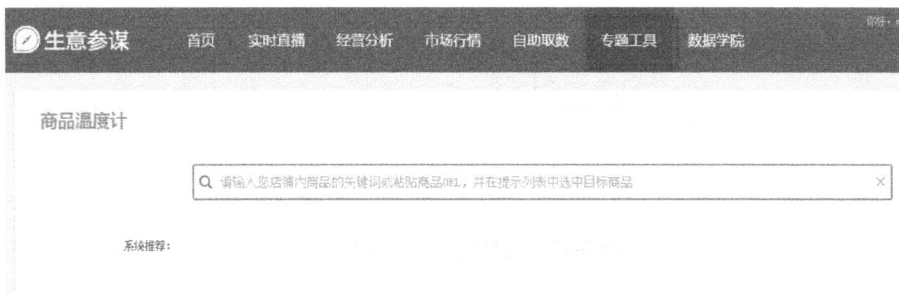

图 6-45　进入商品温度计

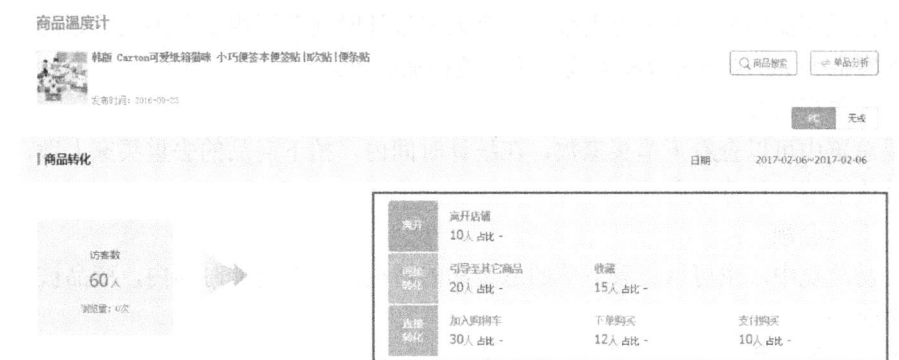

图 6-46　查看商品转化

　　比如：通过商品的间接数据，查看该商品引导至其他商品的指数，从而总结出关联促销的效果。又比如，预热主推商品时，该商品加入购物车的情况不理想，则给卖家一个重要提示，需要加强该商品宣传。

　　在"商品效果详情"中，卖家可通过"生意参谋"查看商品的效果来源、访客特征、促销分析等。卖家可根据商品效果来源来检查各个渠道的投产比是否合理，也可以根据商品访客特征来检查产品的人群需求，或是用来检查商品的新老客户购买比例等等。

二、交易分析

　　卖家通过生意参谋进行店铺交易分析主要包括了交易概况和交易构成两个方面，从店铺整体到不同粒度细分店铺交易情况，通过交易分析可以及时掌控店铺交易问题，并提供资金回流行动点。交易概况是从店铺整体了解店铺的整体交易情况，从访客到下单到支付的交易漏斗，让卖家能更清晰地理解店铺转化，并且提供店铺趋势图及同行对比趋势图，及时了解店铺及同行趋势。下面就对这两方面进行详细介绍。

（一）交易概况

1. 交易总览

店铺交易总览如图 6-47 所示。

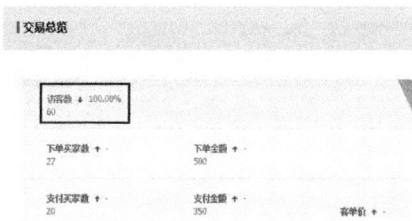

图 6-47　交易概况——交易总览

（1）访客数

在生意参谋交易分析下的交易概况可查看交易总览中的访客数，即统计周期内访问卖家店铺页面或商品详情页的去重人数，一个人在统计时间范围内访问多次只记为一个。所有终端访客数为 PC 端访客数和无线端访客数相加去重。

（2）下单买家数

交易总览中可以查看下单买家数，在统计时间内，拍下商品的去重买家人数，一个人拍下多件或多笔，只算一人。

（3）下单金额

在交易总览中，也可以查看下单的总金额的情况，即在统计时间内，商品被买家拍下的累计金额。

（4）支付买家数

通过生意参谋里的交易总览可以查看和分析支付买家数即在统计时间内，完成支付的去重买家总人数。

（5）支付金额

卖家通过交易总览可查看支付金额，即买家拍下后通过支付宝支付给卖家的总金额，如图所示。

（6）客单价

交易总览里的客单价即在统计时间内，支付金额/支付买家数，即平均每个支付买家的支付金额。卖家可以通过客单价的实时情况，及时调整店铺销售策略。

（7）下单转化率

交易总览里的下单转化率即在统计时间内，可通过下单买家数/访客数计算得出，即来访客户转化为下单买家的比例，如图 6-48 所示，卖家通过了解下单转化率的高低，对相应的销售策略进行合理调整，从而提高下单转化率。

图 6-48　店铺交易漏斗

（8）下单-支付转化率

交易总览里的下单-支付转化率指在统计时间内，下单且支付的买家数/下单买家数，即统计时间内下单买家中完成支付的比例。卖家需要及时关注和分析相关数据，并对销售策略进行调整，提升下单-支付转化率。

（9）支付转化率

交易总览模块里的支付转化率是指在统计时间内，支付买家数/访客数，即来访客户转化为支付买家的比例。通过对支付转化率所占比重的分析，能有效地发现店铺销售过程中存在的问题，及时进行优化，进而提升支付转化率。

2. 交易趋势

（1）同行平均

在交易概况的交易趋势选项下，可查看同行平均水平，即卖家所选的比较二级类目中，处于卖家所在市场（淘宝或天猫）该行业 60%分位的同行的指标值，超过这个指标值，意味着卖家处于行业前 40%范围内，如图 6-49 所示。

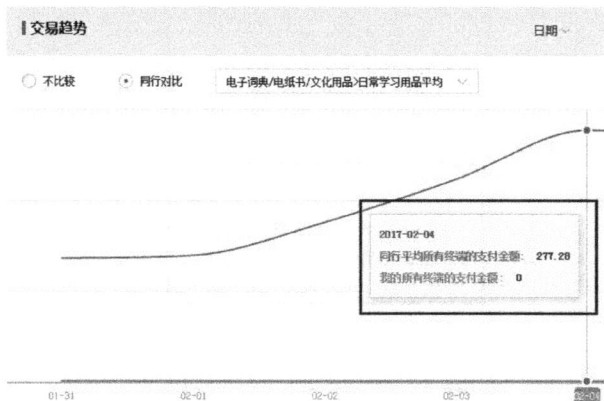

图 6-49　同行平均

（2）同行优秀

如图 6-50 所示，如果卖家所选的比较二级类目中，处于卖家所在市场（淘宝或天猫）该行业 90%分位的同行的指标值，超过这个指标值，意味着卖家处于行业前 10%范围内。

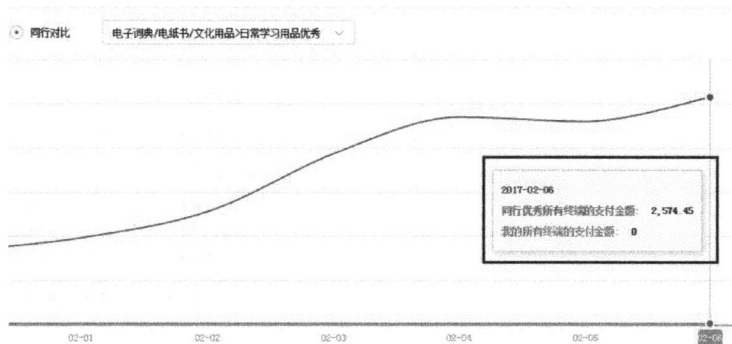

图 6-50　同行优秀

（3）单次平均客单价

单次平均客单价指在统计时间内，购买 N 次的买家产生的支付金额/购买 N 次的买家产生的支付订单数。如图 6-51 和图 6-52 所示。

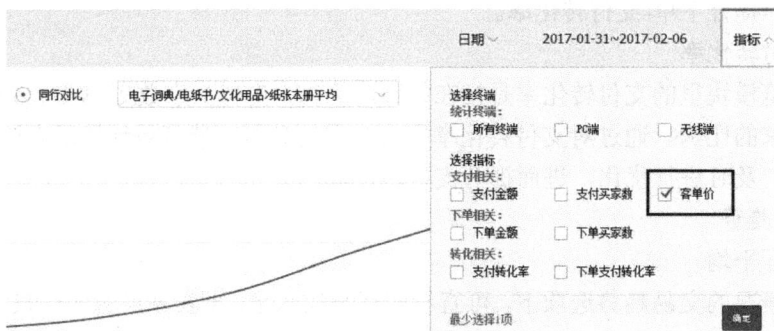

图 6-51　单次平均客单价（1）

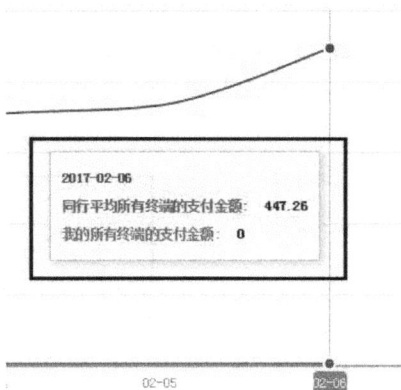

图 6-52　单次平均客单价（2）

（4）交易趋势下的客单价

即在统计时间内，支付金额/支付买家数，即平均每个支付买家的支付金额，如图 6-53 所示。

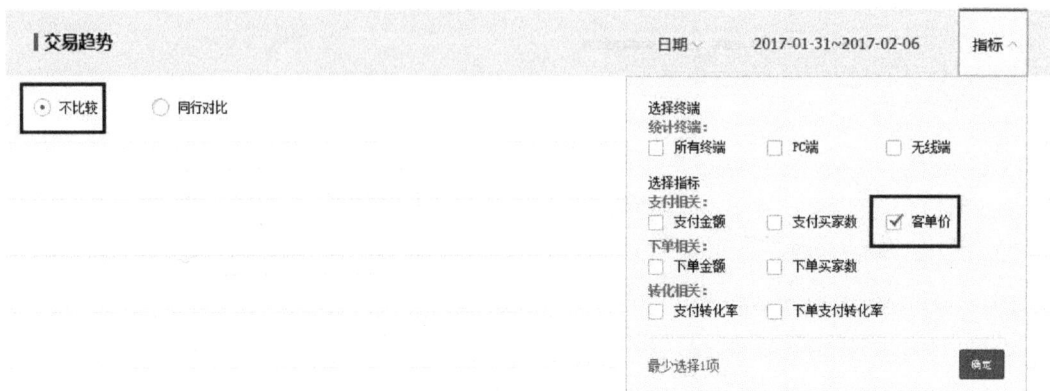

图 6-53　交易趋势下的客单价

（二）交易构成

1. 终端构成

（1）支付金额

如图 6-54 所示，生意参谋可以统计买家拍下后通过支付宝支付给卖家的总金额。

终端	支付金额
PC端	120.00
无线端	255

图 6-54 支付金额

（2）支付商品数

在终端构成中可查看支付商品数，即在统计时间内，买家完成付款的去重商品数，如图 6-55 所示。

支付商品数
4
5

图 6-55 支付商品数

（3）支付买家数

支付买家数，即在统计时间内，PC 端与无线端完成支付的去重买家人数，不论支付渠道是电脑还是手机，如果拍下为电脑端，就将该买家数计入 PC 端支付买家数；拍下为手机或平板电脑端，就将该买家数计入无线端支付买家数，如图 6-56 所示。

支付买家数
2
3

图 6-56 支付买家数

（4）支付转化率

通过交易构成下面的终端构成，可以查看店铺的支付转化率，这里可以分别查询到 PC

端与无线端的支付转化率，如图 6-57 所示。

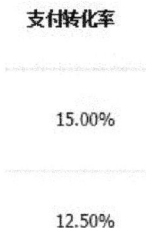

支付转化率

15.00%

12.50%

图 6-57　支付转化率

2. 类目构成

该模块是按照类目对商品的销售数据进行统计，统计数据同样包括支付金额、支付金额占比、支付买家数、支付转化率，卖家可以参考相关数据对店铺的销售策略进行优化调整，如图 6-58～图 6-61 所示。

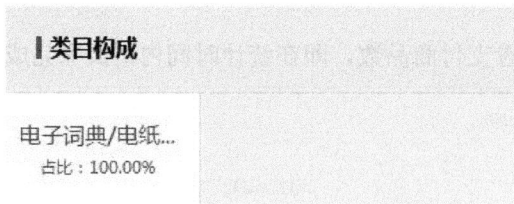

┃类目构成

电子词典/电纸...
占比：100.00%

类目	支付金额 ⬍
笔袋	9.90

图 6-58　类目构成支付金额

支付金额占比 ⬍

100.00%

图 6-59　类目构成支付金额占比

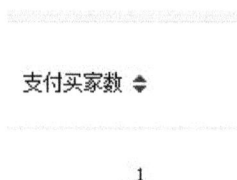

支付买家数 ⬍

1

图 6-60　类目构成支付买家数

支付转化率 ⬦

12.50%

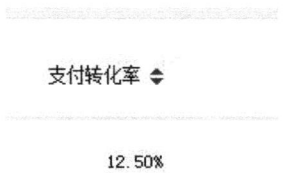

图 6-61　类目构成支付转化率

3. 价格带构成

（1）价格带构成支付买家占比

这里的支付买家占比是按照不同价格范围分别统计的，让卖家更加清晰地了解价格区间买家占比的详细情况，如图 6-62 所示。

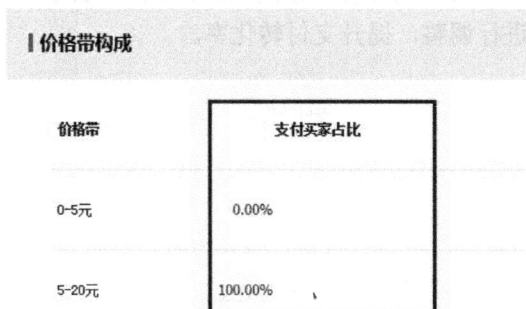

价格带构成

价格带	支付买家占比
0-5元	0.00%
5-20元	100.00%

图 6-62　价格带构成支付买家占比

（2）价格带构成支付买家数

在价格带构成里查询到的支付买家数会按照不同价格范围进行统计，让卖家更加清楚哪个价格区间卖得更好，哪些存在问题，从而从销售策略方面进行优化调整，如图 6-63 所示。

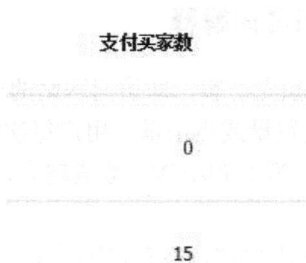

支付买家数

0

15

图 6-63　价格带构成支付买家数

（3）价格带构成支付金额

通过生意参谋的价格带构成可查看品牌构成的买家支付金额，如图 6-64 所示。

支付金额

0.00

148.5

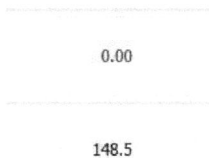

图 6-64　价格带构成支付金额

（4）价格带构成支付转化率

卖家在价格带构成模块下可查看不同价格范围的支付转化率，即在统计时间内，支付买家数/访客数，即来访客户转化为支付买家的比例，如图 6-65 所示，卖家可以根据转化率的具体情况对销售策略进行调整，提升支付转化率。

支付转化率

0.00%

14.29%

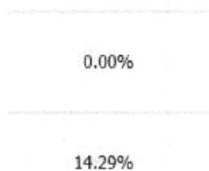

图 6-65　价格带构成支付转化率

模块二　相关知识

一、数据分析常用公式和名词解释

1．UV-Unique Visitor，网站独立访客，即访问网站的一台电脑客户端为一个访客。

2．PV-Page View，即页面浏览量或点击量，用户每次刷新即被计算一次。

3．平均访问深度（PV/UV），等于 PV/UV，数值越大，买家访问停留页面的时间越长，购买意向越大。

4．店铺成交转化率，指成交用户数占所有访客数的百分比，即店铺成交转化率=成交用户数/总访客数。

5．单品转化率，等于单品下单用户数/访客数。

6．PV 点击率，即浏览量（点击量）占曝光量（流量）的百分比。

二、数据分析常用指标说明

（一）行业情报指标说明

1. 访客数占比

在统计时间段内行业访客数占上级行业访客数的比例。一级行业占比为该行业占全网比例。

2. 浏览量占比

在统计时间段内行业浏览量占上级行业浏览量的比例。一级行业占比为该行业占全网比例。

3. 成交额占比

在统计时间段内行业支付成功金额（排风控）占上级行业支付成功金额（排风控）的比例。一级行业占比为该行业占全网比例。

4. 支付订单数占比

在统计时间段内行业支付成功订单数（排风控）占上级行业支付成功订单数（排风控）的比例。一级行业占比为该行业占全网比例。

5. 供需指数

在统计时间段内行业下商品指数/流量指数。供需指数越小，竞争越小。

（二）搜索词分析指标说明

1. 是否品牌原词

如果是禁限售，你销售此类商品将会被处罚，对于品牌商品，如果拿到授权可以进行销售。

2. 搜索指数

搜索该关键词的次数经过数据处理后得到的对应指数。

3. 搜索人气

搜索该关键词的人数经过数据处理后得到的对应指数。

4. 点击率

搜索该关键词后并点击进入商品页面的次数。

5. 浏览-支付转化率

关键词带来的成交转化率。

6. 竞争指数

供需比经过指数化处理后的结果。

7. TOP3 热搜国家

在所选时间段内搜索量最高的 TOP3 的国家。

8. 搜索指数飙升幅度

在所选时间段内累计搜索指数同比上一个时间段内累计搜索指数的增长幅度。

9. 曝光商品数增长幅度

在所选时间段内每天平均曝光商品数同比上一个时间段内每天平均曝光商品数的增长幅度。

（三）商品分析指标说明

1. 搜索曝光量

在搜索或者类目浏览下的曝光次数。

2. 商品页浏览量

该商品被买家浏览的次数。

3. 商品页访客数

浏览过该商品的买家数。

4. 搜索点击率

商品在搜索或者类目曝光后被点击的比率，其等于浏览量/曝光量。

5. 访客数

访问该商品的买家总数。

6. 成交订单数

该商品在选定时间范围内支付成功的订单数-选定时间方位内风控系统关闭的订单数。

7. 成交买家数

该商品在选定时间范围有过成功交易的买家数。

8. 成交金额

该商品在选定时间范围内产生的交易额。

9. 询盘次数

买家通过该商品单击旺旺与站内信的次数。

10. 成交转化率

该商品有过成功交易的买家数占方位买家总数的比率，其等于成交买家数/访客数。

11. 平均停留时间

买家访问该产品所有 Detail 页面的平均停留时间。

12. 添加购物车次数

该商品被买家添加到购物车的次数。

13. 添加收藏次数

该商品被买家收藏的次数。

14. No-Pay 比率

该商品在选定时间范围内未成功支付的订单/创建成功的订单。

（四）装修效果分析指标说明

1. 平均访问深度

该来源带来的访客每次入店后在店铺内的平均访问页面数，即人均访问页面数。一段时间访问深度=每天访问深度日均值，即每天访问深度平均值。

2. 平均访问时间

访问时间为用户在一次访问内访问店铺页面的时长，平均访问时间即所有用户每次访问时访问时长的平均值。

3. 跳失率

只访问了该店铺一个页面就离开的次数占总人店次数的比例。一段时间跳失率=每天跳失率日均值，即每天跳失率平均值。

4. 购买率

访问该页面的访客中当天下单的访客/访问该页面的总访客数。

5. 有装修事件

是否装修。

三、影响商品转化率的因素

影响商品转化率的因素有很多，可以归纳为流量、商品本身以及客服跟进这三个方面。

1. 流量方面

宏观角度的影响因素为不同流量来源的占比，例如 PC 端/无线端流量的占比、不同国家流量占比、搜索流量/活动流量的占比。微观角度的影响因素为流量的精准度。

2. 商品本身方面

其中包括价格、物流方案、销量、评价、产品描述、售后服务等因素。

3. 客服跟进方面

客服的服务会影响客户的咨询率、下单率和支付率，进而会影响单品的转化率。

除此之外，品牌影响力、老客户年度、关联营销等也会影响转化率。

同步实训

一、实训概述

本实训项目要求学生围绕网店流量来源数据和销售数据分析为主题。通过网店流量概况、买家行为、商品销售、同行销售数据对比进行网店数据分析。通过本项目的实训，要求学生掌握数据分析工具的使用方法，培养学生分析数据的能力。

二、实训素材

（1）理实一体化实训室。

（2）联网电脑实训设备。

三、实训内容

任务一　淘宝行业数据分析

学生以小组为单位在老师的带领下，通过淘宝搜索找到销售量相对中等的商品，如装修、家居等，分析买方市场数据和卖方市场数据，撰写训练报告，最后由教师统一点评。

步骤 1：以小组为单位，在淘宝平台选择自己要分析的市场行业；

步骤 2：根据所选择行业，结合淘宝销量好的网店，利用生意参谋工具对买卖双方市场数据进行调研；

步骤 3：根据调研结果进行市场规模、用户行为习惯、买方肖像分析、竞争商品数据、竞争店铺数据分析；

步骤 4：小组讨论并对分析的数据内容进行摘录，完成表 6-4，最后老师点评。

表 6-4　淘宝商品行业数据分析

任务名称	淘宝商品行业数据分析	
店铺名称		
商品名称		
店铺首页截图		
买方市场数据分析	市场规模分析	
	用户行为习惯分析	
	买方肖像分析	
卖方市场数据分析	竞争商品数据	
	竞争店铺数据	
训练报告		
教师点评		

任务二　销售数据分析

　　爱吃小美妞是一家以经营干果零食为主的淘宝店铺，但经过一段时间运营后，店主小美发现虽然店铺装修合宜靓丽，但店铺的销售数据始终处在不理想的状态下，从而导致店铺转化率一直很低。为了改变店铺的现状，店主小美决定充分利用生意参谋等数据分析工具，从多角度去分析店铺商品数据及交易数据，请以上述背景为基础，完成表 6-5。

　　步骤 1：以小组为单位，结合"爱吃小美妞"网店背景，对各项数据进行调研统计；

　　步骤 2：根据生意参谋所给出的数据，结合调研结果，进行多角度分析店铺数据及交易数据；

　　步骤 3：根据小组讨论并对分析的数据内容进行摘录，完成下表，最后老师点评。

表 6-5　网店销售数据分析方案制定

商品分析		
分析项	分析的要素	分析过程的注意事项
商品概况		
商品效果		
异常商品		
分类分析		
交易分析		
分析点	分析时的侧重点	分析过程注意事项
交易总览		
交易构成		
总结		

四、考核评价

　　各个小组可以通过本实训的展示，本人完成"自我评价"，本组组长完成"小组评价"内容，教师完成"教师评价"内容。

1. 评价表

评价项目	评价内容	评价标准	评价方式		
			自我评价	小组评价	教师评价
专业能力	任务一：流量来源数据分析(45分)	1. 对数据分析工具讲解是否了解（10分）2. 对网店总流量概况分析讲解是否到位（10分）3. 对网店流量来源数据分析讲解是否到位（6分）4. 对网店访客路径数据分析讲解是否到位（6分）5. 对访客行为、分布数据分析讲解是否到位（6分）6. 对网店装修分析数据讲解是否到位（7分）			
	任务二：销售流量数据分析(45分)	1. 对网店商品总体数据分析讲解是否到位（10分）2. 对商品详细页跳出率分析讲解是否到位（10分）3. 对商品下单转化率分析讲解是否到位（8分）4. 对网店交易总数据分析讲解是否到位（7分）5. 对网店交易趋势数据分析讲解是否到位（10分）			
职业素养	1. 责任意识（4分）2. 学习态度（3分）3. 团结合作（3分）				
总分					
综合得分	教师根据学生的实训表现进行综合打分，其中自我评价占20%，小组评价占30%，教师评价占50%。				

2. 教师根据各组实训进程及成果展示进行评价。
（1）找出各组的优点点评；
（2）展示过程中各组的缺点点评，提出改进方法；
（3）整个实训中出现的亮点和不足。

巩固与提高

一、单项选择题

1. 下列不属于生意参谋数据分析工具作用的是（   ）。

A. 市场行情分析   B. 经营概况分析

C. 交易趋势分析   D. 客服能力分析

2. 生意参谋数据分析工具的付费功能是（   ）。

A. 同行数据分析   B. 访客地域分布

C. 买家人群分析   D. 异常商品分析

3. 下列关注去向商品详情页和去向分类页的比例结构的页面是（   ）。

A. 产品详情页   B. 产品分类页

C. 首页   D. 自定义活动页面

4. 商品详情页被访问的去重人数被称作（   ）。

A. 商品访客数   B. 店铺访客数

C. 商品点击数   D. 店铺点击数

5. 商品详情页被访问的次数被称作（   ）。

A. 商品点击数   B. 商品点击率

C. 商品浏览量   D. 商品访问数

6. 在统计时间内，商品被买家拍下的累计金额被称作（   ）。

A. 购买金额   B. 拍卖金额

C. 支付金额   D. 下单金额

二、简答题

1. 网店的日常流量来源有哪些？

2. 销售数据分析中的商品异常数包含哪些内容？

三、讨论题

1. 店铺转化率低于同行业情况下，如何优化提升？

2. 如何进行网店销售数据分析，请举例分析讨论？

仓储管理与物流配送

仓储管理与物流配送要解决的基本问题，是把合适的产品以合适的数量和合适的价格，在合适的时间和合适的地点提供给客户。仓储管理与物流配送是利用商品的入库管理、在库管理及出库管理的货物打包和物流配送结合现代技术，使物流的各个环节共享总体信息，作为一个一体化的系统来进行组织和管理，并能够在尽可能低的总成本下，提供有竞争优势的客户服务。通过本项目的学习，可以掌握网店仓储管理与物流配送的一套系统的操作方法。

学习目标

知识目标

1. 入库管理的认知；
2. 在库管理的认知；
3. 了解货物打包的方法；
4. 了解各个物流公司的优缺点；
5. 熟悉物流配送的流程。

能力目标

1. 掌握仓储管理的要点；
2. 掌握商品打包的具体步骤；
3. 掌握物流配送的基本流程。

模块一 任务分解

手植记官方网店的运营人员每周定期进入和卖出的产品数量都比较多，以其农产品为例，如图 7-1 所示。运营人员一般将网店物流与配送工作分成仓储管理和物流配送两大部分。

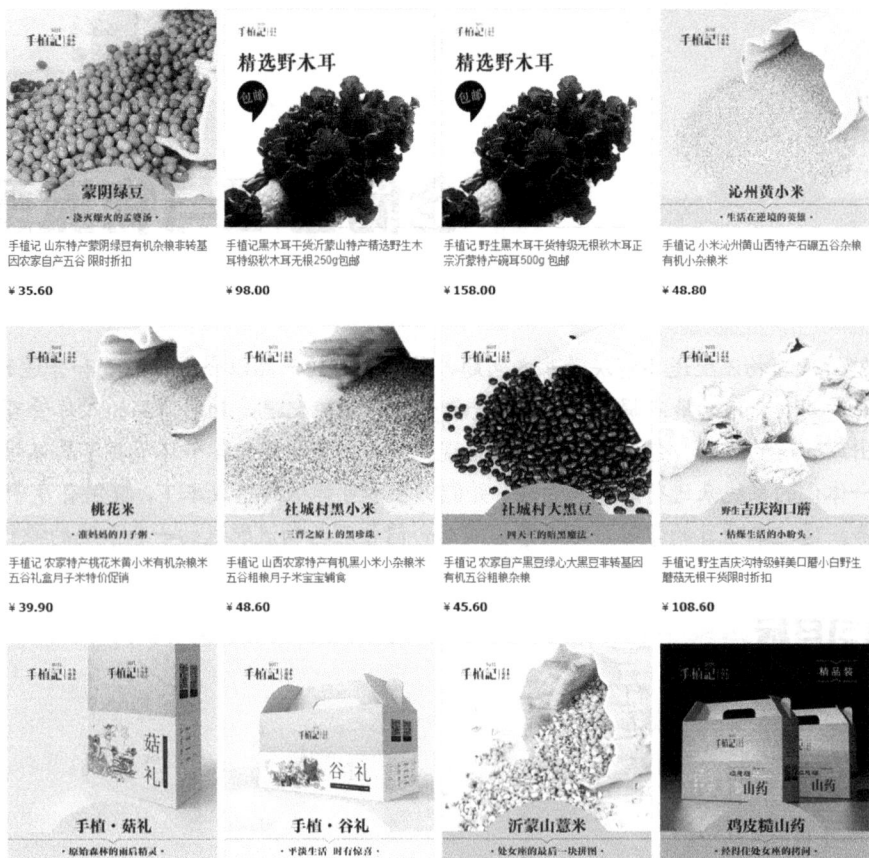

图 7-1　手植记淘宝网店首页农产品

☑ 任务一　仓储管理

1. 入库管理

由于手植记网店产品有散货和成品两种，因此在入库时也有不同的入库管理，首先来介绍散装产品的入库。

（1）散货入库

首先供应商将散货送到手植记公司的指定地点，物流管理部根据《到货信息表》进行货物接收，并通知送货车辆到指定位置卸货以及采购人员需要到达现场确认。

货物接收前，手植记的库管人员先要检查送货人员提供的送货单据是否与《到货信息表》提供的信息相吻合（含质检报告、供应商名称、计量单位、规格型号、数量、批次等信息），如果在检查过程中出现不符或没有送货单据的，交由责任部门（采购部、营销部、生产安技部）确认处理。厂家提供送货单给收货仓库管理员，如图 7-2 所示。送货单应清晰显示送货单位名称、送货单位印章或经手人签名、货品的名称、规格、数量、采购订单号。收货仓库管理员将送货单和对应的采购订单相核对。相核不符者拒收。相符者仓库管理员以送货单和采购订单验收货品，收货量大于定购量时，仓库主管要通过营销部同意和取得营销部负责人的书面通知后才能超量收货。

送 货 单　　000001

收货单位：＿＿＿＿＿＿＿＿　　＿年＿月＿日
地　　址：＿＿＿＿＿＿＿＿　　电话：＿＿＿＿

序号	名称及规格	单位	数量	单价	金额 百	十	万	千	百	十	元	角	分
5													
6													
7													
8													
9													
13													
合计金额	佰 拾 万 仟 佰 拾 元 角 分												

第一联：存根

收货单位及经手人（盖章）：　　送货单位及经手人（盖章）：

图 7-2　送货单

手植记的库管员检查完送货单据无误后，安排卸货和数量清点，如果存在数量上的差异，包装袋破损变形的需及时通知相关部门人员协调解决；对外包装破损变形的需拍照取证并通知质管人员，由质管人员判定是否拒收；任何货物必须有清晰的名称标识；仓库管理员收货无误后，在送货清单上签收，并加盖收货专用章，一联自留，一联交对方。

货物卸入库房后，库管员应及时填写报验单通知质检人员进行质量检测（包括外观检查），对检测不合格的货物，质量管理部需要及时通知相关部门人员及生产物控人员；物控人员需要根据生产需求决定是否接收或者挑选使用。

库管员根据质量管理部的判定结果进行收货，退货或者让步接收；对非质量管理部检验范畴的货物，由货物的使用部门进行质量确认；对检验不合格并经联合评审不同意让步接收的物料，需通知相关部门做退货处理（包括采购部、生产安技部、营销部）；对让步接收的物料在储存时仓库需做好标识以便与其他物料进行区别（这部分物资按合格品入库）。合格货物，库管员办理到货的正式入库，仓库管理员在电脑上开具入库单，并由仓库主管审核生效。将入库单打印一式四联，经仓库主管和仓库管理员签字加盖收货专用章后，第一联存根（仓库自留），第二联财务联（连同送货单位的送货清单交财务），第三联其他联（交给营销部等），第四联交客户。物资存放在仓库合格品存放区，如图 7-3 所示。

入 库 单

申请部门：　　业务员：　　库房：　　入库日期：

入库单号		入库类型		订单编号			
供应商名称				联系人			
供应商地址				联系电话			
序号	产品编码	品名		单价	数量	金额	
1							
2							
3							
4							
5							
6							
7							
总金额（大）						¥	
备注：							

制单：　　保管：　　商务：

图 7-3　入库单

不合格物料，库管员不予办理入库手续，货物将被存放在仓库的不合格区并通知责任部门（采购部门、生产安技部、营销部）处理；责任部门需要在最短时间内完成退货手续的审批和实物退货，如不能按时处理应书面反馈理由，严禁造成不合格货物长期存放在库内。如图7-4所示，对于农产品来说储存时间不能太久的产品，容易造成不必要的损失。

图7-4　农产品

库管员填写完入库单转交相关单位负责人签字（包括采购部、生产安技部、营销部），签字后递交仓库账务员做系统数据录入。

仓库账务员在系统数据录入完成后及时将单据递交相关部门（采购部、财务部等），仓库留存联做好整理归档，仓库入账人员入账必须在货物通过检验后完成。仓库账务员录入完成后及时将录入的系统数据告知库管员做最终的收货确认。

（2）成品入库

加工人员将送来的散货按规定的分量装好印上公司标签，如图7-5所示。

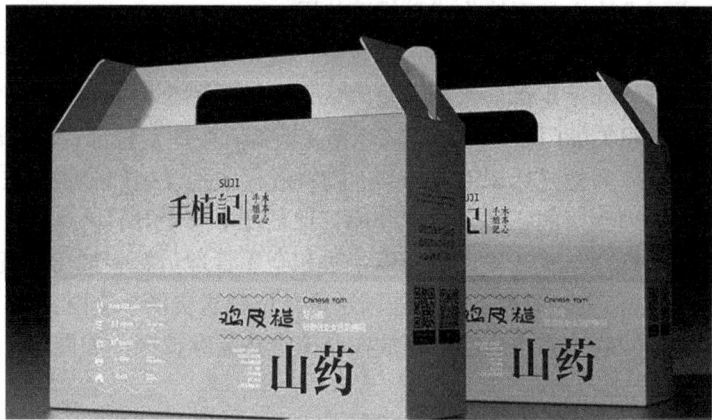

图7-5　包装好的成品

在入库前，物料员需要填写"成品入库单"并完成相关审批手续，物料员将完整的入库单据递交仓库成品管理员，在货物送到仓库时，成品管理员需要检查货物包装以及标识，没有问题就可以签字交接入库，如果有异常成品管理员应不予办理入库。

仓库成品管理员办理完成品实物入库后，要将单据递交给仓库账务做数据录入和单据处理。

2. 在库管理

仓库是一个高度密集的地方。仓库管理员要定期检查货物，维护仓内清洁和安全，在库管理的各项运作中要做到细致、标准，仓库进出货物时必须定期做统计汇总。

（1）仓内安全

农产品仓库最大的问题就是安全，仓库一旦发生火灾，会使大量的物质被烧毁，造成重大的经济损失。经常存放大量干货的仓库，如木耳、茶叶、桂皮、八角等，这些货物一旦遇火会立刻燃起，造成巨大损失，所以做好仓库防火具有重要的意义。仓库建设应严格按照有关的规定，并经公安消防监督机构审核。仓库在竣工时，项目负责人会同公安消防监督部门进行验收，验收不合格，就不能使用。如图7-6所示。

图7-6　仓库防火标识

其次，手植记网店的物流仓库管理员应熟悉储存物品性质、保管业务知识和严守防火安全制度，掌握消防器材的操作使用和维护保养方法，做好本岗位的防火工作。在夜间也要严格执行巡逻制度。值班人员应当认真检查、督促落实。

进入库区的所有机动车辆，必须做好防火工作。各种机动车辆装卸物品后，不准在库区、库房、货场内停放和修理。装卸作业结束后，应当对库房、库区进行检查并确保安全。

（2）存储方式

在储存过程中，由于储存的货物自身各方面（如成分、结构、性质等）原因，以及储存环境因素（如空气、温度、湿度、阳光、微生物、虫鼠、外力、卫生状况等）的影响，往往导致货物发生质量的损失和数量的损耗。因此，储存货物需按照种类存放在不同区域，为节省空间对于同种类有包装（如箱、桶、袋、篓筐、捆、扎等包装）的货物都按照堆垛的方式存储，必要时使用苫垫遮盖货物，防止货物受潮受损。

对于手植记网店农产品的储藏主要有以下几种存储方式：

常规储存。即一般库房，不配备其他特殊性技术措施的储存。这种储存的特点是简便易行，适宜含水分较少的干性耐储存农产品的储存。采用这种储存方式应注意两点，一是要通风，二是储存时间不宜过长。如粮食类的储藏。

窖窑储存。特点是储存环境氧气稀薄，二氧化碳浓度较高，能抑制微生物活动和各种害虫的繁殖，而且不易受外界温度、湿度和气压变化的影响，是一种简便易行，经济适用的农产品储存方式。较适宜对植物类鲜活农产品进行较长时间的储存。

冷库储存。能够延缓微生物的活动，抑制酶的活性，以减弱农产品在储存时的生理化学变化，保持应有品质。这种储存方式的特点是效果好，但费用较高。

干燥储存。有自然干燥和人工干燥两种。干燥的目的是为了降低储存环境和农产品本身的湿度，以消除微生物生长繁殖的条件，防止农产品发霉变质。

密封储存。密封储存虽然投资较大，但储存效果良好，是现代农产品储存研究和发展的方向。它适宜各种农产品，特别是鲜活农产品的储存。

（3）管理办法

首先，根据网店自身情况划分仓库管理岗位，各司其职，做好本职工作。对仓库进行清理整顿，可移动物品再组合，合理摆放，腾出更多的空间，争取无死角，退库报损的商品，该回库的回库，该报损的进报损仓。

其次，实现库位库存管理，每件农产品都有对应的库位，小包装的产品和赠品放到一起，同为畅销商品的可以放到一起，符合季节性销售的农产品也可以放到一起，同时也可以将滞销农产品等按不同类别分类库存库位摆放。实现网店仓库管理的系统化，所进所出，退货，换货，销售明细等等做得清清楚楚，查询时一目了然。

最后，可以利用智能化仓库管理取代手工作业，提高效率，减少出错率。实现绩效考核管理，做到奖罚分明。加强各部门之间的友好沟通，保证信息的快速传达和执行。

☑ 任务二 物流配送

1. 出仓管理

当货物出仓时必须办理出仓手续，如手植记网店销售部在接到一个单子出货时，需要向仓库管理员传送销售订单，仓管通过订单开始备货，并送达质检部，质检部检查货物是否受损、货物的数量是否正确、标签是否掉落等，核对正确后发放到销售部，再由销售部发出，如货物出现问题则返回仓库。

在整个过程中各部门人员需要核对流程单或相关凭证等，货物发出必须由各销售部开具销售发货单据，仓库管理人员凭盖有财务发货印章和销售部门负责人签字的发货单仓库联发货，并登记。所有货物出库单据都要作保存归档。

仓管员在月末结账前要与相关部门做好物料进出的衔接工作，各相关部门的计算口径应保持一致，以保障成本核算的正确性。库存物资清查盘点中发现问题或差错，应及时查明原因，并进行相应处理。如属短缺及需报废处理的，必须按审批程序经领导审核批准后才可进行处理，一律不准自行调整。发现物料缺少或质量上的问题（如超期、受潮、损坏等），应及时地用书面的形式汇报仓库主管。

2. 商品打包

商品打包是物流过程中一个重要环节，将不同的商品分类打包，不仅显示了物流工作的合理性，在一定程度上还能增加物流的安全性，包装因材料和重量的不同，对物流成本也会有所影响。

（1）打包材料的选择

手植记网店在保障商品安全和节省成本的情况下采用了最合适的包装。如图 7-7 所示，常见的包装有纸箱、快递袋、木箱等。

图 7-7 包装材料

纸箱通常情况下是最常见包装，根据货物本身选择不同大小的纸箱，堆放方便、节省空间，但纸箱最大的缺点是成本较高；快递袋是由快递公司提供的货物包装袋，适用于不怕挤压的产品；木箱和快递袋刚好相反，适用体积大、容易损坏、对防震要求很高的产品。

如图 7-8 所示，对于鸡蛋这类易碎农产品，在包装时需要在产品周围加上填充物，防止在运输过程中产生严重震荡造成产品受损。

图 7-8　易碎品

　　填充物主要选择废旧报纸，或者购买专门防震的填充物。如图 7-9 所示，填充物体积大重量轻为最佳，在货物装箱时产品要和纸箱之间空出一定的距离，方便放置填充物。

图 7-9　防震填充物

　　（2）产品确认

　　手植记网店的打包人员在打包前首先会检查打包台面是否整洁，除了在打包过程中需要用到的工具外，其他物品不得放置在打包台面。打包员从储物筐内取出商品与销售单据，先检查销售单据与商品是否一致，如果不同返回给销售部负责人，对商品破损、条形码不清楚的必须退回质检部处理。打包人员扫描销售单和商品标签，等到系统确认完成再进行正式打包。

　　（3）选择包装

　　打包员要根据产品的大小、种类等特性选用合适的包装物进行初步放置。如图 7-10 所示，商品需要采用纸箱和气泡膜包装，单个产品体积小于 5cm×5cm×5cm 时可采用 16 号纸箱或者废旧的小纸箱包装。如果散装产品表面不规则，客户订购多包时，打包就需要较大的纸箱。封箱前检查桌面商品是否有遗漏，订单有无放入包装物内。

图 7-10　散装产品

（4）胶带缠绕货物

用塑料袋包装的物品，胶带在塑料袋外缠绕呈"十"字型，防止商品从中散落，用拼袋（或拼箱）的商品，除用胶带呈"十"字包装外，还要用胶带弥合接口。液体类如蜂蜜加贴"易泄易漏"、"此面向上"标识，易碎品加贴"易碎"标识。标识加贴与包裹单同面，纸箱包装的物品，箱体上下对缝必须密合，胶带缠绕不少于 2 周，左右侧缝用胶布缠绕密合，如图 7-11 所示。

图 7-11　包装方式

包装完成后加贴标签打印机打印的面贴，地址面贴应保持与商品的外包装平整，以便于下个流程进行扫描，将包装完好的商品放置于绿色流水线上，打包完成。

3．物流配送

卖家通过淘宝网向客户提供安全有效的网络交易，离不开物流的支持。淘宝网会向卖家提供"推荐物流、网货物流推荐指数"作为选择物流公司的参考数据，目前淘宝网与申通快递、EMS-中国邮政、宅急送、圆通快递、天天快递、韵达快递、中通速递、汇通、DDS勤诚等公司都有合作。

（1）物流公司的选择

现在国内物流行业比较知名的是"三通一达"，分别是指申通、中通、圆通和韵达；顺丰以其高效的运输服务和高额的费用而知名；EMS 是中国邮政旗下的快递公司；还有天天、汇通、国通、宅急送、全峰等一些物流公司也都有地区特点或自身优势可以为商家提供快递服务。

在选择快递公司之前还要注意地区的概念，手植记网店的发货所在地是上海，那么货物寄到上海和寄到新疆，价格就会有很大的差距，如果统一定价不分地区，会给网店带来经济上的损失，所以网店物流配送应划分区域，并对每个区域的运费进行不同的定价，而定价范围可以与物流公司进行协商后决定，如表 7-1 所示。

表 7-1　地区划分图

中国部分地区名称	区域
江苏省、浙江省、上海市	一区
广东省、福建省、安徽省、北京市、天津市、湖北省、湖南省、江西省、河北省、河南省、山东省	二区
四川省、贵州省、海南省、陕西省、云南省、山西省、重庆市、黑龙江省、甘肃省、辽宁省、吉林省、广西壮族自治区、宁夏回族自治区	三区
内蒙古自治区、西藏自治区、青海省、新疆维吾尔自治区	四区

一般来说，考虑到成本的问题，手植记网店选择申通快递作为指定快递公司，取得本地区的内部报价，当然如果客户要求发其他快递，在可以协商的情况下，手植记也会尽量满足客户的需求。

申通快递公司的运费在不同区域内是不相同的，如表 7-2 所示，所以手植记网店可根据不同区域制定不同的物流费用，也可以灵活选用不同的快递公司或者根据客户的需求选择快递公司。除自身敲定的快递外，还需主动询问客户，让客户自主选择。自主选择不是没有边际的，不可能所有的客户都发顺丰，只要在备用的几个中选择就可以，在尊重客户的同时，也让客户对手植记网店更加信任。如果买家没有收到货物，要主动协调买家以及物流公司，特殊情况下在找物流索赔的同时，可以给买家优先再发货一次，尽量做到让买家满意。

表 7-2　申通快递公司运费

申通快递				
	一区	二区	三区	四区
到货时间	1～2 天	2～3 天	3～4 天	4～5 天
首重费用（元/公斤）	8 元/千克	10 元/千克	12 元/千克	15 元/千克
续重费用（元/公斤）	重量*8 元/千克	重量*10 元/千克	重量*12 元/千克	重量*18 元/千克

（2）淘宝物流管理

手植记工作人员在确定快递公司后，接下来就是在淘宝中设置物流的相关模板，通过登录账号进入淘宝网卖家中心，在左边菜单栏中选择"物流管理—物流工具"，在"物流工具"中可以看到有服务商设置（服务商指的是快递公司）、运费模板设置、运费/时效查看器、物流跟踪信息、地址库、运单模板设置，如图 7-12 所示。

图 7-12　淘宝卖家中心界面

其中运费模板设置是卖家主要分析的部分，运费模板可以分为以下内容：

默认模板设置

如图 7-13 所示，在运费模板设置中点击新增运费模板进入编辑界面，填写主要信息，包含模板名称设置，宝贝地址填写，发货时间填写，是否包邮选择，计价方式与运送方式选择几部分。

图 7-13　运费模板设置（1）

如图 7-14 所示，卖家在点击快递后有默认运费，这时可选取中间价位，不同地区适时改价，初始价格选择 10 元是最好的，然后根据不同的地区和客户的需要，对价格进行微量的调整。一般设置为 10 元/千克，每增加 1 千克增加运费 5 元。

图 7-14　运费模板设置（2）

如图 7-15 所示，手植记网店选择江苏省、浙江省、上海市这三个省市的首重为 8 元/千克，续费为 8 元/千克，内蒙古自治区、西藏自治区、青海省、新疆维吾尔自治区首重 15 元/千克，续重 15 元/千克，完成后单击"保存"，这样一个默认模板就设置成功了。

图 7-15　运费设置

促销模板设置

促销模板是基于手植记网店的促销活动而设置的，其中在配合卖家促销活动进行的同时，运费模板可以采用一些付费软件来实现自动购物运费叠加的形式，这样在很大程度上减少了促销中对于运费设置的错综复杂问题，而且有利于消费者的自助购物。

包邮模板设置

包邮模板设置时宝贝地址、发货时间、寄件方式与默认模板的设置是一样的，在是否包邮中选择"卖家承担包邮"，在运送方式中填写快递费用，这里的费用是手植记网店工作人员和快递公司提前协商好的，尽量减少运费。

（3）订单配送

在设置完运费模块后，接下来就是订单配送，首先手植记网店工作人员需要查看买家拍下并已经付款的订单，如果买家拍下并没有支付的话，拍下的产品将会在三天内自动取消。如图 7-16 所示，单击"我的淘宝"左侧的"已卖出的宝贝"，会看到所有已卖出的宝贝，所有交易状态为"买家已付款"、物流状态为"等待卖家发货"，可以单击"发货"按钮，进行发货。

图 7-16　等待发货

货单进行配货并包装，送达手植记网店打包人员手中，打包人员验货，并在系统登记商品出库，确认淘宝为已发货状态，然后将商品放待发货区，联系有合作的快递公司来发货区取件，快递公司会根据自己的规定检查快件。如图 7-17 所示，申通快递公司对于淘宝业务就有一套服务标准。

（4）七天无理由退货

七天无理由退货是淘宝卖家的初级服务，和基础消费者保障服务一样是卖家必选的一项服务。在淘宝卖家后台左侧列最下方有客户服务一栏，单击"消费者保障服务"，同时选择消费者保障服务的标签就可以看到。如图 7-18 所示。

七天无理由退换货：是指消费者使用支付宝担保交易在天猫购物后，在签收货物后 7 天内，如因主观原因不愿意完成本次交易，可以提出"7 天无理由退换货"的申请（部分商品及类目除外），并且买家退货的货物不得影响卖家的二次销售。

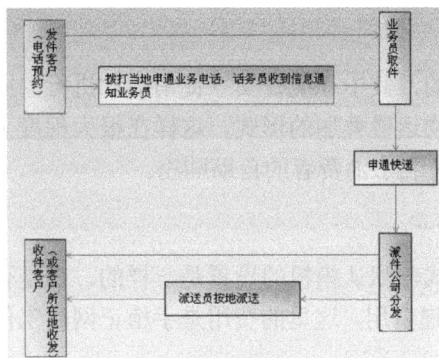

图 7-17　申通用户寄件流程图

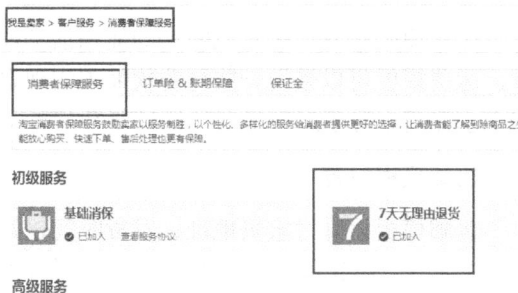

图 7-18　七天无理由退货

在满足"7 天无理由退换货"申请条件的前提下，买家可在"我的淘宝——已买到的宝贝"页面向天猫发起"7 天无理由退换货"申请。在收到买家"7 天无理由退换货"赔付申请后，天猫有权根据协调情况要求交易双方提供必要证明，并确认及判定。当天猫根据相关规范判定买家"7 天无理由退换货"赔付申请成立时，则有权通知支付宝公司从卖家的支付宝账户直接扣除相应金额款项先行赔付给买家。

（5）极速退款

极速退款是淘宝网推出的一项针对交易诚信记录良好的消费者的优质服务，旨在提升淘宝网消费者的购物体验及购物信心，为淘宝网购物营造更好的口碑，从而给卖家带来更多的交易机会。

极速退款在两种场景下可以享受：

"买家已付款，等待卖家发货"

当订单状态在"买家已付款、等待卖家发货"时买家发起退款申请时，系统将优先校验卖家店铺设置的发货合约时间。如未设置再校验是否触发淘宝 72 小时延迟发货规则，若满足违约条件，则立刻退款成功，买家无需再等待超时。

若买家享受极速退款时，实际卖家已经发货，请即刻联系物流公司追回商品，如无法追回，请及时联系买家拒签商品。

卖家需要关注好交易的发货时间，并请在系统规定的发货时间内在网页上进行发货操作（一般默认 72 小时发货，如有发货合约的请按照发货合约设置的发货时间），以免产生不必要的损失。

"买家已退货，等待卖家确认收货"

在确认收货前，当买家发起"退款/退货"的退款申请时，在买家提交退货物流信息后，淘宝网会替卖家将交易款项先行垫付给买家，但是交易并未关闭，仍然是正常状态；

如果买家在退款过程中享受到了极速退款，卖家需要对退货情况进行确认，同意或拒绝退款。如果卖家同意退款，则退款成功；如果卖家不同意退款，则该笔退款交易将直接进入淘宝客服处理流程。

买家申请极速退款后，卖家还没收到货也不用担心，退款仍然按照正常流程处理即可，由于钱款是由淘宝先行垫付，在卖家点击同意退款后，钱款才会自动流转到淘宝消费者保障基金的账户，如卖家不认可买家的退货，可以点击"拒绝退款"，并写明拒绝理由，上传相应的凭证，淘宝会核实处理。

模块二 相关知识

一、仓储管理工作内容

仓储管理工作包括以下几个方面的内容：

（1）仓库的选址与建设。它包括仓库的选址原则，仓库建筑面积的确定，库内运输道路与作业的布置等问题。仓库的选址和建设问题是仓库管理战略层所研究的问题，它涉及公司长期战略与市场环境相关的问题，对仓库长期经营过程中的服务水平和综合成本产生非常大的影响，所以必须提到战略层面来对待和处理。

（2）仓库机械作业的选择与配置。它包括如何根据仓库作业特点和储存商品的种类及其特性，选择机械装备以及应配备的数量，如何对这些机械进行管理等。现代仓库离不开仓库所配备的机械设施，如叉车、货架、托盘和各种辅助设备等，恰当地选择适用于不同作业类型的仓库设施和设备将大大降低仓库作业中的人工作业劳动量，并提高货品流通的顺畅性和保障货品在流通过程中的质量。

（3）仓库作业组织和流程。它包括设置什么样的组织结构，各岗位的责任分工如何，仓储过程中如何处理信息组织作业流程等。仓库的作业组织和流程随着作业范围的扩大和功能的增加而变得复杂，现代大型的物流中心要比以前的储存型仓库组织机构大得多，流程也复杂得多。设计合理的组织结构和分工的明确是仓储管理的目标得以实现的基本保证。合理的信息流程和作业流程使仓储管理高效、顺畅，并达到客户满意的要求。

（4）仓库管理技术的应用。现代仓储管理离不开现代管理技术与管理手段，比如选择合适的编码系统，安装仓储管理系统，实行 JIT 管理等先进的管理方法。

商品的编码技术和仓储管理系统极大地改善了商品流通过程中的识别和信息传递与处理过程，使得商品的仓储信息更准确、快捷，成本也更低。

（5）仓库的作业管理。仓库作业管理是仓储管理日常所面对的最基本的管理内容。比如如何组织商品入库前的验收，如何安排库位存放入库商品，如何对在库商品进行合理保存和发放出库等。仓库的作业管理是仓库日常所面对的大量和复杂的管理工作，只有认真做好仓库作业中每一个环节的工作，才能保证仓储整体作业的良好运行。

（6）仓储综合成本控制。成本控制是任何一个企业管理者的重要工作目标，仓储管理也不例外。仓储综合成本的控制不但要考虑库房内仓储运作过程中各环节的相互协调关系，还要考虑物流过程各功能间的背反效应，以平衡局部的利益和总体利益最大化的关系。选择使用的成本控制方法和手段，对仓储过程每一个环节的作业表现和成本加以控制是实现仓储管理目标的要求。

二、不同商品快递打包的技巧和注意事项

1. 首饰产品

一般都需要附送首饰袋或首饰盒，通过以下方法可以让卖家的服务显得更贴心：

（1）一定要用纸箱包装，对于首饰来说，3 层的 12 号纸箱就够用了。为了节约成本，

卖家可以到网上购买纸箱。

（2）一定要用报纸或泡沫等其他填充物填充，使首饰盒或首饰袋在纸盒里不晃动。

（3）纸箱的四个角一定要用胶带包好。因为邮寄的时候有很多不确定因素，比如在运输过程中有液体的货品和卖家自己的货品在同一个包装袋里，一旦液体货品的包装不严密，出现泄漏，卖家的货品就会被浸泡，所以纸箱的四角一定要用宽胶带包好，这样也可以更好地防止撞击。

（4）附送一张产品说明卡，这样可以体现卖家的专业度。

2．易变形、易碎的产品

这一类产品包括瓷器、玻璃饰品、茶具、字画、工艺笔等。对于这类产品，包装时要多用些报纸、泡沫塑料或者泡绵、泡沫网，这些东西重量轻而且是可以缓和撞击的填充物。另外，一般易碎怕压的东西四周都应用填充物充分地填充，这些填充物也比较容易收集，比如包水果的小塑料袋，平时购物带回来的方便袋，苹果、梨子外面的泡沫软包装，还有一些买电器带回来的泡沫等。尽量多用聚乙烯的材料而少用纸壳、纸团，因为纸要重一些，而那些塑料的东西膨胀效果好，自身又轻。

3．衣服、皮包、鞋子类产品

这类产品在包装时可以用不同种类的纸张（牛皮纸、白纸等）单独包好，以防止脏污。如果要用报纸的话，里面还应加一层塑料袋。遇到形状不规则的商品，如皮包等，可预先用胶带封好口，再用纸包住手提带并贴胶带固定，以减小磨损。

邮寄衣服时，要先用塑料袋装好，再装入防水防染色的包裹袋中，用布袋邮寄服装时，宜用白色棉布或其他干净整洁的布。

4．液体类产品

在包裹时一定要封好割口处，可以用透明胶带多绕几圈，然后再用棉花整个包住，可以包厚一点，最后再包一层塑料袋，这样即使液体漏出来也会被棉花吸收，并有塑料袋做最后的保护，不会流到纸盒外面污染到其他的包裹。

三、卖家选择快递公司应重点考虑哪些因素？

1．价格

卖家在快递公司官网，根据网点分布查询离发货地址较近的快递点的联系方式，直接跟该网点的工作人员谈合作价格。

2．发货速度

卖家不能盲目追求价格，应该结合发货速度综合考虑。一般可以先考虑常见的快递公司如申通、圆通、韵达等，这些比较大的快递公司在全国分布的网点较多。

3．服务质量

卖家比较关心的服务质量有是否会经常丢件、物流信息跟踪是否及时、包裹是否破损等问题。

同步实训

一、实训概述

本项目实训为网店物流与配送实训，学生通过本项目的学习，能够完成商品的入库管理、在库管理、出库管理中的货物打包及物流配送等一套完整的商品物流与配送过程。

二、实训素材

安装有基本办公软件与连接互联网的电脑设备、物流打包所需物品材料等

三、实训内容

学生分组，并选出各组组长，以小组为单位进行实训操作。在本实训中，每小组根据指定的不同商品完成网店物流与配送工作。

任务一　仓储管理

1. 入库管理

根据教师所提供的素材，以小组为单位，以情景扮演的方式，了解入库管理流程和注意事项，加深个人对入库管理技术的掌握。

散货入库	包括根据《到货信息表》进行货物接收，检查送货单，货物检验、数据录入、收货确认
成品入库	检查货物包装以及标识，数据录入与单据处理

2. 在库管理

根据教师所提供的素材，以小组为单位，以情景扮演的方式，了解在库管理的方法和注意事项，加深个人对在库管理技术的掌握。

仓内安全	符合国家建筑防火规范
存储方式	常规储存、窖窑储存、冷库储存、干燥储存、密封储存等
管理办法	根据网店自身情况划分仓库管理岗位，库位库存管理，利用智能化仓库管理等

任务二　物流配送

学生通过注册淘宝账号进入淘宝卖家中心，了解相关设置，并根据教师安排设置相关模板。学生根据教师提供的物品素材，以小组为单位，先对物品进行属性检查，检查物品的外观、型号等是否与出货单相符。然后根据物品的属性选择包装材料，对物品进行打包，教师对学生完成的打包成果进行点评。

出仓管理	货物出库单据保存归档，月末结账前要与相关部门做好物料进出的衔接工作
货物打包	选择打包材料、产品确认、选择包装、胶带缠绕货物
物流配送	选择物流公司、淘宝物流管理包括促销、包邮模板的设置和订单配送等等

四、考核评价

各个小组可以通过本实训的展示，本人完成"自我评价"，本组组长完成"小组评价"内容，教师完成"教师评价"内容。

1. 评价表

评价项目	评价内容	评价标准	评价方式		
			自我评价	小组评价	教师评价
专业能力	任务一：仓储管理（35分）	1. 是否进行入库前货物核查（5分） 2. 入库流程是否正确（5分） 3. 散货入库操作是否正确（5分） 4. 成品入库操作是否正确（5分） 5. 对仓库安全事项是否有全面了解（5分） 6. 是否能根据货物的特点选择合理的存储方式（5分） 7. 是否能够选择正确的商品在库管理办法（5分）。			
	任务二：物流配送（55分）	1. 出仓前是否核对流程单或相关凭证等（2分） 2. 是否对货物出库单据作保存归档（2分） 3. 月末成本核算是否正确（2分） 4. 是否能对库存物资清查盘点中发现的问题和差错能及时查明原因，并进行相应处理（2分） 5. 是否了解不同货物的包装要点（2分） 6. 是否了解打包材料的属性与功能（2分） 7. 是否能根据货物的特点选择正确的打包材料（2分） 8. 是否对产品进行确认（2分） 9. 是否能根据产品的大小、种类等特性选用合适的包装物进行初步放置（2分） 10. 打包方式是否正确（2分） 11. 是否明确物流选择的方法（5分） 12. 是否能主动协调买家以及联系物流公司（5分） 13. 是否完成服务商设置（服务商指的是快递公司）（5分） 14. 是否完成运费模板设置（5分） 15. 是否完成运费/时效查看器与物流跟踪信息设置（5分） 16. 是否完成地址库与运单模板设置（5分） 17. 是否能完成订单配送设置（5分）			
职业素养		1. 责任意识（4分） 2. 学习态度（3分） 3. 团结合作（3分）			
		总分			
综合得分	教师根据学生的实训表现进行综合打分，其中自我评价占20%，小组评价占30%，教师评价占50%。				

2. 教师根据各组实训进程及成果展示进行评价。

（1）找出各组的优点点评；

（2）展示过程中各组的缺点点评，提出改进方法；

（3）整个实训中出现的亮点和不足。

巩固与提高

一、单选题

1. 下列选项中，（   ）不属于仓储管理。
   A. 入库管理　　　B. 在库管理　　　C. 出库管理　　　D. 物流配送
2. 下列选项中，（   ）是正确的打包流程。
   ①选择包装②产品确认③胶带缠绕货物
   A. ①②③　　　　B. ②③①　　　　C. ②①③　　　　D. ①③②
3. 现代仓储管理离不开现代管理技术与（   ）。
   A. 人才培训　　　B. 技术支持　　　C. 管理手段　　　D. 管理人才
4. 以下选项中，（   ）属于常见的打包材料。
   A. 快递袋　　　　B. 纸箱　　　　　C. 木箱　　　　　D. 以上均是
5. 影响配送中心选址的主要因素之一是（   ）。
   A. 运输条件　　　　　　　　　　B. 生产管理能力
   C. 营销网络分布　　　　　　　　D. 生产原料的批量大小

二、简答题

1. 散货入仓时，库管员应该注意哪些方面？
2. 仓储管理工作包括哪个方面？

三、论述题

1. 简述仓储管理的概念及作用。
2. 简述物流配送的重要性。

四、操作题

注册淘宝账号进入淘宝卖家中心，在卖家中心的物流工具中分别设置默认运费模板、促销运费模板和包邮模板。

随着中国网络环境的改善与网民人数日益增多，电子商务前景广阔，有规模的电商企业对人才的需求也多样细分。由于网购的特殊性，决定了网店客服在整个购物流程中扮演了十分重要的角色，服务的好坏，直接影响到客户的订单率。一个好的客服的三个基本功就是：心态、知识和沟通。谦和的态度和专业的知识是必备条件，良好的沟通才是至胜的法宝。

通过本项目的学习，读者可以了解客服的岗位职责和技能要求。掌握售前、售中、售后的接待流程和服务技巧。

学习目标

知识目标

1. 了解客服岗位的重要性；
2. 了解客服岗位的基本要求和职责；
3. 熟悉网店客服的综合素质；
4. 熟悉在线接待的基本要求。

能力目标

1. 掌握网店客服的基本技能；
2. 掌握处理客户异议的基本方法；
3. 掌握售后服务的基本流程。

项目情景

小刘曾经是一名从事保险行业的电话客服，最近，他应聘到一家电子商务公司做在线客服。该公司的主要业务为利用网店平台出售家居用品。开始工作之前，小刘为了能胜任这份工作，做了以下功课：了解产品特性、明确客服应具备的基本素质、学习客服沟通技巧及客户投诉处理方法。

任务分解

　　小刘将此次学习分为四个部分，分别为：了解客服岗位、了解产品特性、掌握在线接待的节本流程、客服沟通技巧。

☑ 任务一　客服岗位认知

一、了解客服

（一）客服的概念

　　网店客服是指在开设网店这种新型商业活动中，充分利用各种通信工具、并以网上即时通信工具（如阿里旺旺）为主的，为客户提供相关服务的人员，如图8-1所示。

图8-1　阿里旺旺

（二）客服岗位的作用和意义

　　网店客服，在网店的推广、商品的销售以及售后的客户维护方面均起着极其重要的作用，不可忽视。

- 塑造网店形象。
- 提高成交率。
- 提高客户回头率。
- 更好地服务客户。

二、客服岗位要求

（一）客服的岗位职责

（1）负责收集客户信息，了解并分析客户需求，规划客户服务方案

　　不同的客户群体有着不同的服务需求，只有从各种渠道收集客户信息，通过分类、个性化地分析，才能更了解不同客户群体的特别需求，根据客户需求制定服务方案，才能更

好地促进销售。

（2）负责进行有效的客户管理和沟通

作为合格的淘宝客服人员，不仅仅在客户购买商品的时候与其沟通，在日常的情况下，也需要对客户进行分类管理，跟客户主动沟通。

（3）负责建立客户服务团队以及培训客户代表等相关人员

建立专业的客户服务团队、客户代表，经常性地对其培训，时刻关注客户的需求变化。

（4）定期或不定期进行客户回访，以检查客户关系维护的情况

定期或不定期进行客户回访，以检查客户维护的情况，进行对比分析，及时更新维护方案，达到更好的效果。

（5）负责发展维护良好的客户关系

日常客户维护中一定要用心，比如客户生日或者某些特殊的节假日，联系客户，让客户感受到网店的用心，增加回头客的量，带动其相关群体前来消费。

（6）负责组织公司商品的售后服务工作

商品销售出去只是完成销售的一半，后一半就是售后服务。良好的售后服务也是好评的关键。甚至当商品真的出现瑕疵，良好的售后也能改变客户的购物心情，给其良好的印象。

（7）建立客户档案、质量跟踪记录等售后服务信息管理系统

可以发现当下销售过程中，主要问题出现在哪儿，解决好问题，提高服务质量，进一步完善服务。

（8）完成上级领导临时交办的工作

（二）客服岗位技能要求

网店客服应具备良好的技能素养，因为在客户服务的过程中，客户会提出各种不同的问题，需要客服人员有足够的应对沟通技巧。

（1）良好的文字语言表达能力

① 少用"我"字，多使用"您"或者"咱们"这样的字眼；让客户感觉你在全心全意地为他（她）考虑问题。

② 建立常用规范用语，尽量避免使用负面语言。

（2）高超的语言沟通技巧和谈判技巧

优秀的客服人员还应具备高超的语言沟通技巧及谈判技巧，只有具备这种素质才能让客户接受网店商品，并在与客户的价格交锋中取胜。

（3）丰富的专业知识

对于所经营的商品具有一定的专业知识。如果客服对销售的商品都不了解，又如何保证第一时间为客户提供满意的答复呢？

（4）丰富的行业知识及经验

（5）熟练的专业技能

（6）思维敏捷，具备客户心理活动的洞察

（7）敏锐的观察力和洞察力

因为只有这样才能清楚地知道客户购买心理的变化。了解客户的心理，才可以有针对性地对其进行引导。

（8）具备良好的人际关系和沟通能力

良好的沟通是促进买家消费的重要步骤之一，和买家在销售的整个过程当中保持良好的沟通是保证交易顺利的关键。不管是交易前还是交易后，想要与买家保持良好的沟通，不但可以顺利完成交易，还有可能将新买家变为回头客，成为自己的老客户。

（9）具备客户服务电话接听技巧

网店客服不单单是要掌握网上即时通信工具，很多时候电话沟通也是必不可少的。

（10）良好的倾听能力

（三）网店客服的综合素质

（1）要具有"客户至上"的服务观念

在客户的前期咨询过程中，一直保持微笑的服务，让客户能感受到尊重和真诚；当客户及时完成付款时，应衷心地对客户表示感谢，谢谢客户配合工作，节省了时间并完成了一个愉快的交易过程。让客户能感受到客服人员的热情和服务理念。

（2）要有对各种问题的分析解决能力

客服的工作包括售前和售后的两个流程，所以商品的知识问题、各种买家的消费心理分析、讨价还价策略、各种情况投诉处理等问题的解决能力都十分重要。

（3）要有人际关系的协调能力

网店客服可以接触到很多种不同类型的买家，但必须弄清楚买家的心理，知道买家在想什么，然后才能根据情况，进行有针对性的沟通和协调，进而加以引导，最后促成交易成功。

☑ 任务二 了解产品特性

小刘要想成为一名合格的淘宝网店客服工作人员，要求具备的最基本的能力就是，在日常工作中实时与客户针对产品本身进行沟通。除此之外，客服还应具备良好的心理素质、品格素质、技能素质及综合素质。产品认知则是客服工作的第一职业素质，小刘在产品认知环节的具体做法主要有以下两点。

一、了解产品的基本特性

产品是按照一定规格、一定标准生产的，对客服人员来说，产品涵盖的知识更广。小刘主要从以下两个方面来了解公司产品的知识。

1. 产品属性

小刘知道公司的主要销售产品为智能手机，所以他需要了解产品的规格参数：

- 手机显示：包括尺寸、触摸屏类型、分辨率；
- 手机网络：包括网络类型、网络模式；
- 手机存储：运行内存 RAM（Random-Access Memory，随机存取存储器）、机身内存；
- 手机基本参数：品牌、手机型号、机身颜色、操作系统、手机类型、电池类型、核心数、CPU（Central Processing Unit，中央处理器）频率、电池容量；
- 手机机身详情：款式、键盘类型、手机厚度；

· 手机拍照功能：后（前）置摄像头、摄像头类型、视频显示格式；

· 手机配件：充电器、数据线、说明书、保修卡。

2．使用知识

产品的使用方法也是必须掌握的，如手机操作方法、安全设计、使用时的注意事项及提供服务的体制。

二、了解产品的竞争差异

除了了解上述基本信息外，小刘还需掌握公司产品相对于其他同类产品的差异，如产品的性能优势、价格优势等。小刘找到公司数据分析部门，要拿产品的售价与主要竞争者进行对比（如表 8-1 所示）以及竞争产品优点、弱点的对比（如表 8-2 所示），并进行了认真学习。

表 8-1　产品的售价与主要竞争者对比

	本公司产品	主要竞争者				
付款方式						
定价						
售价						
分期付款价						

表 8-2　竞争者产品优点、弱点对比

主要竞争者与本公司产品比较		特色
本公司产品	优点	
	弱点	
主要竞争者 1	优点	
	弱点	
主要竞争者 2	优点	
	弱点	

☑ 任务三　在线接待基本流程

一、在线接待基本流程

1．问好

主动向买家问好，并介绍自己旺旺名，与买家沟通，了解其需求；当客户发出沟通信号的时候在 10 秒内必须先有问候的反馈，首先要对其表示欢迎。

2．在线销售

了解需求，为买家提供真实可靠的商品信息及服务承诺，了解买家相关信息，寻找主题及共鸣点，扩大沟通范围，淡化交易存在。

3．主动推荐和关联销售，促成交易

善意提醒客户是否还有其他需求，尽量关联销售，提升客单价；接着要引导客户回到交易，拍下商品并付款。

4．核实

付款后，要提醒买家两方面的信息：尽量争取买家收货后的好评，并提醒买家可以选择淘分享；建议买家收藏卖家的店铺，以便不错过后期的优惠活动。

5．告别

感谢买家的信任与支持，并欢迎其再次光临。

二、在线接待的基本要求

- 反应及时（关键词：反应快、训练有素）
- 热情亲切（赞美、热情、亲昵称呼、自然、真诚），用语规范，礼貌问候，让客户感觉热情，不是很生硬的话语，做到称呼亲昵，自然亲切）
- 了解需求（细心、耐心、有问必答、准确、找话题）
- 专业销售（自信，随需应变、舒服）
- 主动推荐和关联销售
- 建立信任（建立好感、交朋友）
- 转移话题，促成交易
- 体验愉悦（解决问题、强化优势、欢送）
- 可以充分利用网络优势，在对话中可以发一些表情，更直接有效地与客户沟通

三、形成和遵守接待流程的重要性

（1）按流程运行可以提高工作效率。
（2）标准的流程可以尽量减少失误。
（3）使接待服务显得更加规范和专业。
（4）统一规范工作流程，养成严谨的工作作风。
（5）可纳入工作考核内容，有利于新员工上岗培训。

☑ 任务四　客服沟通技巧

一、客服沟通 FAQ

小刘通过互联网了解到，网店客服在电商平台上充当的主要角色就是导购。传统实体店销售以面对面导购和推荐为主，而在电商平台，用户无法真实接触商品实物，这导致顾客除了通过视觉去判断和了解商品之外，更多的依赖与客服在网上交流，逐步了解产品的详细信息及商家的各项服务。网店客服通过在线沟通工具为顾客提供答疑和售后等服务。目前网店客服主要通过阿里软件为客户提供在线服务，旨在让淘宝掌柜更加高效地管理网店、服务客户并及时把握商机，从容应对繁忙的生意。

了解以上内容之后，小刘将网店客服沟通具体划分为三个部分：售前、售中、售后。

（一）售前问题

1. 顾客要求打折或压价

客服一：亲，咱家的手机质量都是最好的，比市场上类似产品的价格会稍高一些，但是手机的定价已经是最低了。

客服二：亲，价格是公司定的呢，我们客服是没有权利打折的，不好意思。

2. 顾客要求随商品附赠小礼物

客服一：亲，羊毛出在羊身上，我们家希望能给您提供物美价廉的产品，所以没有订购赠品呢。

客服二：亲，目前我们是没有赠送的，不然我个人赠送您一份小礼物吧。其他顾客可是没有这样的特别照顾（如果顾客很执着）。

3. 顾客再次申明，价钱不优惠就走人

客服一：亲，这款是我们今年的主推款，价钱已经是最低的了，我也看出您买这款的诚意，这样，我帮您申请一个小礼物，其他顾客可是没有这样的机会喔（针对顾客心理价位偏低，让顾客了解产品卖点）。

4. 顾客询问是否包邮，或表明不免邮费就不购买

客服一：亲，店里的活动，现在是满××才能包邮呢。

客服二：亲，这样吧，我向主管申请看看能不能包邮（可以说申请一下，但不能保证批下来，先给顾客一个心理暗示，批准下来之后，顾客喜悦程度超过期望值，体验是不一样的，会对本店更加认同）。

5. 顾客表示快递费用高

客服：亲，快递费都是透明，不会多收您的，放心吧。

6. 淘宝上一样的款，价格比你们家便宜好多

客服：亲，您要看质量和性价比。我们是自主品牌，有自己的研发团队和工厂，在性价比这方面，我们是行业内的一线水平。

7. 赠品多送一份吧，以后会推荐朋友来买的

客服一：亲，您收藏下我们的店铺和该宝贝，可以再送您一份小礼物（根据买家的客单价，酌情）。

客服二：亲，不行的，如果您多买一点可以再送您一份。或者您将我们店铺链接到您的微博，截图给我后，我就再送您一份。这样老板问起来，我好有个交代，请您体谅我的不容易。

8. 图片是否有色差

客服：亲，我们设计师已经尽力还原实物原色，不过显示器难免会有细微的色差，有条件的话，建议您多选择一台计算机看我们的产品。

9. 针对新品询问为什么没人买

客服：亲，这款产品这几天刚刚上架，我们还没开始推广呢，所以购买量不大，不过您不用担心，我们是品牌店，所有产品的质量都是有保障的，不信您可以看看我们店内其他宝贝的评价。

10. 特别注意询问有无发票

客服：亲，我们是正规公司，都会提供正式发票的，请您下订单的时候进行备注，以

免发货的同事疏忽了。

11. 买了不喜欢的产品是否可以退换

客服：亲，我们家有七天无理由退换货服务，商品只要不影响二次销售都可以退换，请您拆包后务必保全相关标签。

12. 什么时候发货？用什么快递，能不能指定快递

客服一：亲，当天下午五点前的订单我们是当天发货，超过五点只能明天发货。

客服二：亲，我们默认是××快递，如果您需要其他快递麻烦您下单的时候留言备注，顺丰和 EMS 需要补 10 元邮费。

13. 退换邮费谁负责？可以到付吗？退货地址是什么

客服一：亲，产品有任何质量问题，邮费都是由我们来承担的（色差和型号不在质量问题范围）。

客服二：亲，非质量问题，来回的邮费均需要您自理。

客服三：我们的退货地址：××省××市××区××路××大厦××室××电子商务部收，电话：××××-××××××××

客服四：亲，我们只接受普通快递，不签收到付件和平邮，另外请您填写退换货卡，以便我们尽快为您处理退件，感谢您的配合。

14. 得知心仪的商品断货了，询问是否还会进货

客服：亲，目前公司也在考量当中，您方便留一个联系方式吗？我这边帮您做一下登记，有货了我们会马上通知您。

15. 先拍了，晚一点再来付款（如何促进成交）

客服一：亲，您现在付款的话，马上就可以为您发货了。

客服二：亲，您不现在付款吗？您现在付款的话业绩才算我的（前提是和买家聊得投缘）。

16. 拍错了怎么办

客服：亲，我这边帮您关闭一下交易，您重新拍一下就可以了。

17. 不是说包邮吗？怎么邮费还在里边

客服：亲，抱歉，马上给您修改邮费。

18. 你们公司在哪里？我也在本市，是否可以直接去你们公司拿商品

客服：亲，目前我们公司是不支持上门自提，如果您也在本市的话，我们可以给您包邮，明天就能收到的。

19. 加急件处理，是否可以在某个时间内收到货（节假日前夕特别多）

客服：亲，一般是 2 到 3 天会送到，具体要看快递公司。如果您这边确实着急，可以选择发顺丰，隔天到货，您只需要补 10 元运费就可以了。

20. 关于货到付款

客服一：亲，我们家有货到付款服务，您只需要在下单时选择货到付款即可。

客服二：亲，我们家暂时还未开通货到付款，您方便的话还是通过网上付款吧。

货到付款涉及服务费，顺丰的服务费按照物品价值的 3% 收取，所以设置快递费时要把这些也计算在内。货到付款还涉及拒签险，拒签险单笔费用是 0.7 元。

买家一旦拒签，就要损失来回运费，风险大。这要求商品质量必须过关，经得起卖家

考验。所以货到付款的单子，质检方面更要精益求精。买家货到付款拍下后，卖家要及时与买家通过旺旺或者电话沟通联系，以便解决恶意拍下，或拍了不想要的问题。

开通货到付款后，在直通车推广时可以加大对外站的投放，增加单量，开辟新客户。未开通网银的买家往往会选择"货到付款"进行购物，开通货到付款之后可以增加宝贝的展现机会，也可以开辟新客户。

（二）售中问题

1. 为什么缺货不早些通知

客服一：亲，质检的时候发现货有瑕疵，没敢给您发过去。正常情况下，昨天应该通知您的，经办的同事昨天身体不舒服，没做好交接，给您造成的不便，深感抱歉。

客服二：如果您不介意，我给您推荐两款热销的，当然保证今天一定给您发出去，并赠送一份小礼物，表示我们的歉意，您看行吗？

客服三：如果您没有看中款式，可以申请退款，我这边通知财务马上给您解决，再次为我们的过错真诚向您道歉。

2. 快递怎么这么慢

客服：亲，我们都是当天发货，快递这么慢我们也很纠结，我们会考虑换一家快递公司，这边我帮您跟进快递公司，待会儿给您回复进度。

3. 客人未收到产品，但已经显示签收

客服：亲，会不会是您同事或家人代签收了呢？这样吧，我联系下快递公司，看具体是什么情况，待会儿给您回复。

（三）售后问题

1. 关于投诉和差评

此时顾客只是想发泄，最希望得到的是同情、尊重和重视，因此应该马上向其表示歉意，并引导顾客说出事情始末。

客服一：亲，对不起，让您感觉到不愉快了。我非常理解您现在的感受，能告诉我您遇到什么问题吗？我很愿意为您解决。

客服二：亲，您看我的理解是否正确，您一个星期前就买了我们的产品，但是使用了一个星期就出现了质量问题，您联系售后说清了存在何种问题，但是售后坚持说是您使用不当造成的不让您更换产品，我理解得对吗？

客服三：亲，我刚请示了下我们总监，请您把机子给我们邮回来，我们马上给您更换，产生的邮费全部由我们承担，我们总监让我替他向您道个歉，给您造成的不便，再次深感抱歉（确认问题，提出补救措施，请示领导，让顾客觉得客服非常重视他的问题）。

客服四：（客服已经做了很多尝试，对方依然出言不逊，甚至不尊重客服的人格）亲，我非常想帮助您，但您如果一直这样情绪激动，我只能和您另外约时间了，您看呢？

2. 确认收货给好评后，产品出现问题

客服：亲，不好意思啊，您把机子给我们寄回来吧，我们重新发一个新的给您（让顾客邮回来，马上为其更换，并赠送抵用券赔礼道歉）。

3. 漏发、错发产品、漏发赠品

客服一：如果当下意识到发错、漏发。马上打电话给合作快递，把单号给他们，让他们明天再送回来。

客服二：如果货已经发出，立刻联系买家协商处理，让买家拒签，漏发赠品应主动要求给买家补发并赔礼道歉。

二、针对不同类型客户的客服沟通技巧

小刘在从事网店客服工作过程中，经常会遇到各种类型的客户。对于不同类型的客户，客服工作人员需要进行区分后，有针对性地进行沟通，借此与客户建立良好的关系。在沟通过程中，客服针对不同客户类型，需要掌握以下沟通技巧。

（一）针对顾客对商品了解程度不同

1. 对商品完全不了解的顾客

这类顾客对商品认知缺乏，对客服依赖性强。对于这样的顾客需要客服像对待朋友一样去细心地解答。多从顾客的角度考虑，推荐合适的商品给顾客，并且告知顾客推荐这些商品的原因。对于这样的顾客，客服解释得越详细，顾客对客服人员的信赖度就会越高。

2. 对商品有所了解的顾客

这类顾客对商品有所了解，比较主观，易冲动，不太容易信赖他人。面对这样的顾客，客服人员要控制情绪，有理有节、耐心地回答，向顾客表现客服丰富的专业知识，让顾客认识到自己对产品了解的有所欠缺，从而加深对客服人员的信赖。

3. 对商品非常了解的顾客

这类顾客知识面广，自信心强，问题往往都能问到点子上。面对这样的顾客，客服人员要表示出对其专业知识的欣赏，用谦虚的态度和对方探讨商品领域的知识。给顾客来自内行的推荐，告诉对方"这个才是最好的，您一看就知道了"，让其感觉到自己真的被当成了内行的朋友，感受到客服给自己的推荐肯定是最衷心的、最好的。

（二）对价格要求不同的顾客

（1）有的顾客很大方，说一不二，看见说不砍价，就不会讨价还价

对待这样的顾客要表达你的感谢，并且主动告知店铺的优惠措施，会赠送什么样的小礼物，让顾客感觉物超所值。

（2）有的顾客会试探性地询问能不能还价

对待这样的顾客既要坚定地告诉她不能还价，同时也要态度缓和地告诉她，这样的价格是物有所值的，并且谢谢她的理解和支持。

（3）有的顾客就是要讨价还价，不讲价就不高兴

对于这样的顾客，除了要坚定重申本店的原则外，还要有理有节地拒绝其要求，不要被该类型顾客的各种威胁和祈求所动摇。适当的时候建议该顾客再看看其他便宜的商品。

（三）对商品要求不同的顾客

（1）有的顾客因为买过类似的商品，所以对购买的商品质量有清楚的认识，对于这样的顾客是很好沟通的。

（2）有的顾客将信将疑，会问："图片和商品是一样的吗？"对于这样的顾客，要耐心给他们解释，在肯定本店是实物拍摄的同时，提醒他难免会有色差等，让他有一定的思想准备，不要把商品想象得太过完美。

（3）还有的顾客非常挑剔，在沟通的时候就可以感觉到，她会反复问："有没有瑕疵？有没有色差？有问题怎么办？怎么找你们？"等等。这时就要意识到这是一个完美主义者，

除了要实事求是介绍商品外，还要据实把一些可能存在的问题介绍给她，告诉她没有东西是十全十美的。如果顾客还坚持要完美的商品，就应该委婉地建议她选择实体店进行购买。

模块二 相关知识

客户投诉的处理

如果一个投诉没有得到很好的处理，客户会转而购买竞争对手的产品。客户也会将他的不愉快经历转告亲朋与同事。没有客户投诉是最理想的状态，但当有投诉时，客服人员有责任认真对待，并让客户感到他是受欢迎的，对商家来讲他是非常重要的客户。

（一）从倾听开始

倾听是解决问题的前提。在倾听客户投诉的时候，不但要听他表达的内容，还要注意他的语调与音量，这有助于客服人员了解客户语言背后的内在情绪。同时，要通过陈述确保真正了解客户的问题。例如，听了客户反映的情况后，根据自己的理解向客户复述一遍："王先生，来看一下我理解的是否正确。您是说您一周前买了我们的传真机，但发现有时会无法接收传真。我们的工程师已上门检查过，测试结果没有任何问题。今天，此现象再次出现，您很不满意，要求我们给您更换产品。我理解的您的意思对吗？"复述之后，认真倾听客户的回答，以此表示自己处理问题态度的真诚以及对客户的尊重和重视。

（二）认同客户的感受

客户在投诉时会表现出烦恼、失望、泄气、发怒等情绪，客服不应当把这些表现当成是对个人的不满。特别是当客户发怒时，要明白此时客户仅是把你当成了倾听对象，借此发泄对商品的不满。客户有情绪是完全有理由的，理应得到极大的重视和最迅速、合理的解决。

要让客户知道你非常理解他的心情，关心他的问题。虽然客户并非永远是对的，但是在客户的世界里，他的情绪与要求是真实的。我们只有与客户同步，才有可能真正了解他的问题，找到最合适的方式与他交流，从而为成功处理投诉奠定基础。有时候客服会在道歉时感觉很不舒服，因为这似乎是在承认自己有错。其实，说声"对不起""很抱歉"并不一定表示你或商家犯了错误，而是表明你对客户不愉快经历的遗憾与同情。

（三）表示愿意提供帮助

"让我看一下该如何帮助您""我很愿意为您解决问题"，当客户正在关注问题的解决时，体贴地表示乐于提供帮助，自然会让客户感到安全、有保障，从而消除对立情绪，代之以依赖感。问题澄清了，客户的对立情绪降低了，接下来要做的就是为客户提供解决方案。针对客户投诉有针对性地解决问题，每个商家都应有各种预案或解决方案。我们在提供解决方案时要注意以下几点。

1. 为客户提供选择

通常一个问题的解决方案不是唯一的，给客户提供选择会让客户感受到被尊重。同时，客户选择的解决方案在实施时，也会得到来自客户方更多的认可和配合。

2. 诚实地向客户承诺

能够及时地解决客户的问题当然最好，但有些问题可能比较复杂或特殊，我们不确定该如何为客户解决。此时，就不要向客户做任何承诺，而是要诚实地告诉客户情况有点特殊，你会尽力帮客户寻找解决的方法，但需要一点时间。然后约定给客户回话的时间，并确保准时给客户回话。即使到时你仍不能帮客户解决，也要准时打电话向你的客户解释问题的进展，表明自己所做的努力，并再次约定给客户答复的时间。与向客户承诺而做不到的情形相比，你的诚实会更容易得到客户的认可。

3. 适当地给客户一些补偿

为了弥补商家操作中的一些失误，可以在解决客户问题之外给一些额外补偿。但要注意的是，一定要先将问题解决，再改进工作，以避免今后出现类似的问题。现在有些处理投诉的客服人员，一有投诉首先想到用小恩小惠息事宁人，或是一定要等到客户投诉才为客户提供正常途径下应该得到的利益。这样做不仅不能从根本上减少问题的发生，反而会引发顾客错误的期望。

以上内容主要说明了投诉的意义、原因、正确处理客户投诉的原则以及客户投诉处理的技巧。不要对投诉抱有敌意，投诉对商家来讲可以说是一笔宝贵的财富，关键就看如何处理。从这个意义上讲，投诉是挑战与机遇并存的。要正确地处理好客户的投诉，首先必须清楚投诉的真正原因，然后掌握处理投诉的原则——先处理感情，后处理事件。公司同客户之间通过不断改善双方关系，拉近彼此之间的距离，让问题更易于解决。

同步实训

一、实训概述

本项目实训为售后服务纠纷处理实训，学生通过本项目的学习，能够掌握在线接待流程和客服沟通技巧，从而培养客服岗位人员的综合素质和纠纷处理的能力。能够针对不同的纠纷提出合适的处理建议。

二、实训素材

（1）联网实训电脑若干台。
（2）安装基本办公软件与即时沟通软件。

三、实训内容

任务一 对中差评进行解释、回复

根据客户的评价，从积极引导顾客修改中差评、解释问题并引起注意等角度，对每一条评价进行解释。完成以下实训表格 8-3，要求不超过 100 个字。
（1）差评，小王：太坑人了，拿到的产品跟网店里的照片完全不同。
（2）差评，小李：物流龟速啊，等得我花儿都谢了！
（3）中评，小张：感觉买贵了。

（4）中评，小刘：感觉一般。

表8-3　任务一实训报告

处理中差评实训报告
实训任务一：对中差评进行解释、回复
1.
2.
3.
4.
任务一笔记：在对中差评进行解释时遇到什么困难，怎么解决？

四、考核评价

各个小组可以通过本实训的展示，本人完成"自我评价"，本组组长完成"小组评价"内容，教师完成"教师评价"内容。

1. 评价表

评价项目	评价内容	评价标准	评价方式		
			自我评价	小组评价	教师评价
专业能力	任务一：客服岗位认知（20分）	1. 是否了解客服的定义（5分）； 2. 是否了解网店客服的重要性（5分）； 3. 是否熟悉客服的岗位职责（5分）； 4. 是否了解客服的岗位技能（5分）。			
	任务二：了解产品特性（10分）	1. 是否熟悉商品的属性和使用说明；（5分）； 2. 是否了解产品的竞争差异；（5分）。			
	任务三：在线接待基本流程（20分）	1. 是否掌握网店客服的在线接待流程；（10分）； 2. 是否熟悉客服在线接待的要求（5分）； 3. 是否了解在线接待的重要性（5分）。			
	任务四：客服沟通技巧（40分）	1.是否掌握客服的售前服务技巧；（10分）； 2.是否掌握客服的售中服务技巧；（10分）； 3.是否掌握客服的售后服务技巧；（10分）； 4.是否掌握针对不同客户类型的服务技巧；（5分）； 5. 是否了解如何处理客户投诉（5分）。			
职业素养	1. 责任意识（4分） 2. 学习态度（3分） 3. 团结合作（3分）				
		总分			
综合得分	教师根据学生的实训表现进行综合打分，其中自我评价占20%，小组评价占30%，教师评价占50%。				

2．教师根据各组实训进程及成果展示进行评价。

（1）找出各组的优点进行点评；

（2）展示过程中各组的缺点点评，提出改进方法；

（3）整个实训中出现的亮点和不足。

巩固与提高

一、单选题

1．以下（　　）选项不是产生物流纠纷的主要原因。

　　A．卖家发货慢

　　B．物流送货慢

　　C．物流过程商品损坏

　　D．卖家未包邮

2．以下（　　）选项不是售后服务的重要性之一。

　　A．企业参与市场竞争的尖锐利器

　　B．保护消费者权益的最后防线

　　C．保持顾客满意度、忠诚度的有效举措

　　D．提高产品质量的渠道

3．以下（　　）选项不是解决客服态度纠纷的常用技巧。

　　A．快速反应态度好

　　B．认真倾听表诚意

　　C．诚恳道歉求谅解

　　D．搁置投诉求辩解

4．下列（　　）可能是用户给出中差评的原因。

　　A．产品存在质量问题

　　B．物流过程中产生问题导致顾客等待时间过长

　　C．新手买家，认为评价无所谓可以随便给

　　D．用户蛮不讲理，故意给差评

二、多选题

1．下列（　　）是电商客服人员的技能素质要求。

　　A．良好的文字语言表达能力

　　B．具备良好的人际关系沟通能力

　　C．客户电话服务接听技巧

　　D．良好的倾听能力

2．保持良好的文字语言表达能力，需要注意的方向有（　　）。

　　A．少用"我"字，多使用"您"或者"咱们"这样的字眼

B. 偶尔使用负面语言

C. 建立常用规范用语

D. 经常使用网络流行语言

三、判断题（正确打"√"错误打"×"）

1. 客服人员无须时时让客户能感受到他的热情和服务理念。 （　）

2. 网店可以通过售后服务来提高企业的信誉，从而扩大产品的市场占有率。
（　）

3. 一般来说，对于顾客的正面评价，不需要进行任何处理。 （　）

四、操作题

通过各种途径收集 10 条常见的日常问题的回复。